Die Autorin

Chao-Hsiu Chen wuchs in Taiwan auf, wo sie in den alten Weisheiten des Buddhismus, des Konfuzianismus und des Taoismus unterrichtet wurde. Von ihrem Vater, einem bedeutenden Architekten, erhielt sie ihr Wissen um Wesen und Wirkung des Feng Shui, von ihrer Mutter ihre musikalische und künstlerische Kraft. Sie studierte Musik in Wien und Salzburg, u. a. als Schülerin von Carl Orff. Mit ihren Vorträgen und Büchern (36 Werke in 17 Sprachen) wurde sie zu einer der wichtigsten Interpretinnen chinesischer Weisheitslehren im Westen. Die Komponistin, Feng-Shui-Beraterin, Malerin und Kalligraphin (Ausstellungen in Zürich, Rom, München, Frankfurt, Vaduz u. a.) lebt mit zwei Huskies und einem Setter-Mischling in den Weinbergen südlich von Rom. Für die Ullstein Edition ihrer Werke hat sie selbst in traditioneller chinesischer Pinseltechnik die Umschläge gestaltet und alle Bände mit Tuschzeichnungen illustriert.

Weitere Werke der Autorin in gleicher Ausstattung
in unserem Programm:

Der Meister
Die Worte des Meisters
Feng Shui
Feng Shui der Seele
Tao Te King
Tempel des Tao

Chao-Hsiu Chen

Der Meister

Die Suche nach dem Sinn des Lebens

mit Tuschzeichnungen der Autorin

Aus dem Englischen
von Hans Christian Meiser

Ullstein

Besuchen Sie uns im Internet:
www.ullstein-taschenbuch.de

Ullstein Esoterik
Herausgegeben von Michael Görden

Aus dem Englischen von Dr. Hans Christian Meiser

Umwelthinweis:
Dieses Buch wurde auf chlor- und säurefreiem Papier gedruckt.

Ungekürzte Ausgabe im Ullstein Taschenbuch
1. Auflage September 2005

Umschlaggestaltung: FranklDesign, München
Titelabbildung: Chao-Hsiu Chen
Druck und Bindearbeiten: Ebner & Spiegel, Ulm
Printed in Germany
ISBN-13: 978-3-548-74238-0
ISBN-10: 3-548-74238-6

Wo immer er ging,
hinterließ sein Stab eine Spur.

Berge, überall Berge … und in der Mitte der See.

Einsam steht er auf dem Gipfel, sein Blick streift die schroffen, schneebedeckten Felsen und das fast gefrorene Wasser, das den Wind um letzte Wellen bittet.

Ein Rauschen macht sich von allen Seiten her bemerkbar, und die Wolken am Himmel fließen dahin wie der Strom des wechselhaften Lebens. Die Wege, die ihn hierher geführt haben, waren steinig und von Staub bedeckt. Wo immer er ging, hinterließ sein Stab eine Spur. Nun kennen seine Augen kein Verlangen mehr, sein Herz sieht keine Tränen. Er spürt die Kälte, die ihn einhüllt, nicht, denn ihn wärmt die Gnade der Erinnerung. Er fasst den Stock aus Sandelholz, den ihm sein Meister hinterlassen und der mit ihm den Pfad der Weisheit ging, er gedenkt der Liebe des Mädchens, das ihm einst half, den rechten Weg zu finden, und er hört die Worte, die ihn damals riefen: Mein Kind …

Das Leben im Dorf
folgte seinen eigenen Regeln.

Der Frühling war gerade wiedergekommen. Dennoch hatte der Winter seine Kraft noch nicht verloren und sandte heftige, kalte Winde von den Bergen. Die Ladenbesitzer des Dorfes hatten Vorhänge in die Eingänge gespannt, so dunkel und schwer, dass niemand sehen konnte, was sich im Geschäft ereignete. Dafür war es innen warm. In der Schenke hatte man auf diesen Schutz verzichtet und stattdessen den dünnen hölzernen Zutritt mit schweren Balken verstärkt. Dies konnte jedoch den Wind nicht davon abhalten, den Straßenstaub ab und an unter der Türe hindurchzublasen. Die Maultiergespanne, die vorüberfuhren, wühlten den trockenen Boden zusätzlich auf und sorgten für weitere Staubwolken.

Als der Wind sich legte und die Sonne die Luft erwärmte, kamen die Kinder aus den Hütten und Häusern und begannen am Dorfplatz zu spielen. Einige Hunde streunten umher und machten Jagd auf Hühner. Die Frauen hatten farbenprächtige Tücher um das Haar gebunden und eilten zum Markt, um Reis, Gemüse oder getrockneten Fisch zu kaufen. Das Leben im Dorf folgte seinen eigenen Regeln und war hauptsächlich vom Rhythmus der Jahreszeiten bestimmt. Man hatte sich daran gewöhnt, ein Leben in Einfachheit zu führen, in dem es wenig Neues gab, es sei denn, man feierte das Fest der Hochzeit oder des Todes. Nur einmal entstand große Aufregung: damals, als die Gaslaternen am Marktplatz zum ersten Mal angezündet wurden.

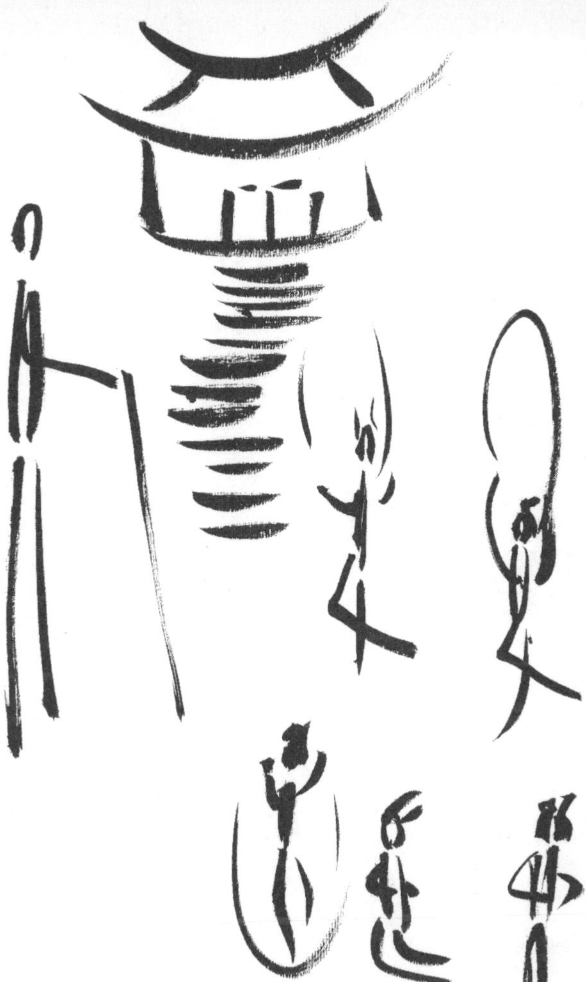

Ich versuche, aus Wertlosem
Wunderbares zu schaffen.

Er verließ das Haus seines Vaters und lief zum Dorfplatz, um mit seinen Kameraden zu spielen. Als er an den Brunnen kam, vernahm er ein merkwürdiges Klopfen. Er versuchte zu ergründen, woher dies stammte, und bemerkte, dass es von einem Stock rührte, mit dem ein alter Mann die steinerne Treppe des Tempels herabstieg. Der Wind zerzauste sein langes Haar und brachte seinen silberglänzenden Bart in Unordnung. Der Junge war beeindruckt: Solch eine Gestalt hatte er noch nie gesehen.

Das Klopfen näherte sich, und durch die Wolken fiel Sonnenschein auf das Gesicht des Alten, das große Lebenserfahrung ausstrahlte. Der Junge starrte den Unbekannten an. Es ereignete sich so gut wie nie, dass ein Fremder in das Dorf kam. Die Schuhe, die der Mann trug, und sein Gewand waren zerschlissen, weshalb man annehmen musste, er habe viele Bergrücken und Flussläufe überquert, um bis hierher zu gelangen. In diesem Augenblick sahen auch die anderen Kinder den Ankömmling.

»Wer bist du, und woher kommst du?«, wollten sie wissen.

»Ich habe keinen Namen mehr«, antwortete der Mann, »und ich weiß nicht, welcher Weg mich hierher geführt hat. Letzte Nacht schlief ich, wo die Sonne unterging, und heute Morgen erwachte ich dort, wo sie aufging.«

Die Kinder lachten, als sie diese merkwürdigen Worte vernahmen, und wollten mehr hören.

»Wen hast du unterwegs getroffen?«, fragte ein Mädchen.

»Ich traf zwei Arten von Menschen: Die einen schufen aus Wertlosem Wunderbares, und die anderen machten aus Wunderbarem Wertloses.«

»Und zu welcher Gruppe gehörst du?«, wollte das Mädchen weiter wissen.

»Ich versuche, aus Wertlosem Wunderbares zu schaffen, aus Wunderbarem Wertloses und aus Wertlosem wieder Wunderbares.«

Ein Knabe meinte: »Das verstehe ich nicht. Heißt das, dass du etwas, das vollständig zerstört ist, wieder ganz machen kannst?«

Der Mann antwortete: »Ich bin sicher, du kannst es ebenfalls.«

Ein anderer Junge sagte: »Aber ich kann es gewiss nicht, denn mein Vater nennt mich immer ›Strohkopf‹, selbst wenn ich etwas richtig mache.«

Die Kinder begannen zu debattieren. Je mehr sie sprachen, umso lauter und aufgeregter wurden sie und scharten sich eng um den alten Mann. Sie spürten, dass er anders war als die Männer im Dorf. Plötzlich ertönte eine raue Stimme: »He, Strohkopf, bist du noch immer hier? Geh sofort nach Hause!« Der Gescholtene zog seinen Kopf ein und machte sich auf den Weg. Einige Kinder folgten ihm, weil es auch für sie Zeit war heimzugehen. »Meine Mutter sagt, dass es nichts Besseres gibt als das Zuhause, wo immer man auch hingeht«, meinte nun ein Mädchen, während es seine Spielsachen einsammelte. »Und meine Großeltern haben das auch gesagt.«

Der Alte schaute das Kind nachdenklich an und sprach: »Wenn deine Eltern das Haus, in dem sie wohnen, als ihren wichtigsten Besitz erachten, leben sie in Fesseln. Deshalb ist es besser, sein Heim als eine Herberge anzusehen, in der man einen Tag nach dem anderen verbringt.«

»Und wo ist deine Herberge?«, fragte der Junge, der den Mann zuerst gesehen hatte.

»Sie ist so weit entfernt wie das Ende des Himmels«, antwortete dieser, »und so nah wie der Anfang der Erde. Sie ist dort, wo das Herz Stille findet.«

Jeder wird mit verschiedenen Gaben geboren.

Die Sonne erhob sich über dem Dorf und sandte ihre ersten Strahlen, um dem Leben Kraft für einen neuen Tag zu schenken. Die Menschen machten sich daran, die erste Mahlzeit des Tages zuzubereiten.

Nachdem der Junge sein Frühstück beendet hatte, lief er, so schnell er konnte, zum Dorfplatz, um dort nach dem sonderbaren Mann Ausschau zu halten. Doch er begegnete nur dem Besitzer der Mulis, der drei seiner Tiere auf die Weide führte. Auf das erste hatte er sein Kind gesetzt, das mit einem Stöckchen die Tiere lenkte.

In diesem Augenblick tauchte der alte Mann auf. Der Maultiertreiber trat zu ihm und sagte: »Warum haben mir meine Eltern ein so hartes Schicksal hinterlassen? Seit meiner Kindheit muss ich mich um die Tiere kümmern und dafür sorgen, dass sie stark genug sind, die schweren Lasten über die Berge zu tragen. Nichts als Arbeit und Armut wurden mir vererbt. Warum habe ich mir gerade diese Eltern ausgesucht?«

Und zu dem Jungen gewandt fügte er hinzu: »Du kannst glücklich sein. Deine Familie steht seit Generationen unserem Dorf vor. Sie ist wohlhabend und wird von allen geachtet. Du kannst dir nicht vorstellen, wie es ist, wenn man von der einzigen Mahlzeit, die man am Tag hat, nicht einmal satt wird.«

Der alte Mann holte aus einem Beutel getrocknete Aprikosen und teilte sie zwischen dem Maultiertreiber, dessen Kind und den Tieren auf. Dann sagte er: »Jeder wird mit verschiedenen Gaben geboren, für die die Eltern nicht verantwortlich sind. Diejenigen, die sich ein schweres Los erwählt haben, müssen umso härter an sich arbeiten, je höher die Ziele sind, die sie erreichen wollen. Aber wer sich ein leichtes Los aussuchte, muss sich noch weiter entwickeln, denn für ihn gibt es nichts, nach dem er streben müsste, außer der Dankbarkeit gegenüber seinen Eltern. Wer solches in die Tat umsetzen kann, wird glücklich werden.«

Er hielt einen Augenblick inne und fuhr dann mit ernster Stimme fort: »Leider wird dies meist erst dann verstanden, wenn die Eltern uns verlassen haben.«

Mittlerweile waren auch die Kameraden des Jungen hinzugekommen und folgten der Unterhaltung. Der Maultiertreiber schaute mit ärgerlichem Blick auf die Kinder und fragte: »Weshalb sind manche von ihnen folgsam, andere aber wieder nicht zu zähmen?«

Da erhob der alte Mann seine Stimme und sprach: »Kinder sind eure Schuld dem Leben gegenüber. Sie kommen, um euch zu befreien. Ihre Aufgabe ist es nicht, eure Wünsche zu erfüllen, denn es ist ihr Anliegen, dass ihr ihnen helft, das zu werden, was sie wirklich sind.« Und mit eindringlicher Stimme beschloss er seine Worte: »Leider wird auch dies meist erst dann verstanden, wenn der falsche Weg schon beschritten ist.«

Schau zum Himmel!

Alles, was der Junge bisher gehört hatte, kam ihm sehr vertraut vor, obwohl solche Worte noch nie an sein Ohr gedrungen waren. Und eine innere Stimme sagte ihm, dass es für ihn wichtig sei, mehr von diesen Überlegungen kennen zu lernen.

Er suchte den alten Mann überall und entdeckte ihn schließlich am Fluss. Wie entrückt lag er am Boden und starrte in den Himmel.

»Was machst du da?«, fragte der Junge besorgt.

»Ich betrachte die Natur«, erwiderte der Alte. »Ich fühle die Sonne, höre das Wasser und sehe die Wolken.«

»Und warum machst du das?«, wollte der Junge erfahren.

»Weil es die beste Übung ist, den inneren Staub zu entfernen«, lautete die Antwort.

»Ich fürchte, ich verstehe dich nicht«, meinte der Junge.

Da stand der Mann auf, atmete tief ein und sprach: »Jeder Mensch trägt große Weisheit in sich, doch niemand findet diesen uralten Schatz, weil er unter Bergen von Leid verschüttet liegt. Aber wenn man lernt, das Geröll aus Kummer und Schmerz zu entfernen, weichen die Nebel, und man sieht den Schatz im Licht der ewigen Sonne glänzen. Die gefrorenen Tränen des Lebens werden tauen, und Weisheit und Glückseligkeit werden erwachen.«

Nachdem er einen Augenblick innegehalten hatte, forderte er den Jungen auf: »Schau zum Himmel! Kannst du die Sonne sehen?«

»Nein«, antwortete der Junge, »ich sehe nichts außer Wolken.«

»Und wo ist die Sonne?«, fragte der Alte eindringlich.

»Sie ist hinter den Wolken verborgen«, lautete die Antwort.

Da sprach der Alte: »Auch wenn die Wolken die Sonne verdecken, vermögen sie es nicht, ihre Helligkeit und Wärme aufzuhalten. Erachte nun die Wolken für das Geröll und die Sonne für die Weisheit.«

»Ich habe schon verstanden, was du meinst, aber es ist mir immer noch nicht klar, wie es gelingen kann, den Schutt vom Schatz des Lebens wegzuschaffen«, wandte der Junge ein.

»Wenn du es wirklich möchtest, werde ich dich in dieses Geheimnis einweihen«, versprach der Mann. »Aber du musst wissen, dass du dafür alles aufzugeben hast. Du wirst dein Zuhause verlassen müssen, deine Eltern, deine Geschwister …«

»… und auch meine Freunde?«, fragte der Junge ängstlich, doch zugleich voller Hoffnung, eines Tages mit gewaltigem Reichtum heimzukehren.

»Mein Kind«, erwiderte der alte Mann lächelnd, »dies ist nur der erste Schritt …«

Alles schmeckt,
wenn es mit Ehrfurcht zubereitet und
mit Dankbarkeit gegessen wird.

Bald war Mittagszeit. Seit Tagen waren der Junge und der Meister unterwegs. Sie waren über Schneefelder gestapft, hatten in den Wäldern nach Schlafmöglichkeiten gesucht, waren durch Schluchten gestiegen und hatten den kalten Atem der Berge hinter sich gelassen. Nun öffnete sich vor ihnen ein fruchtbares Tal, dessen von unzähligen Bächen durchzogene Terrassenfelder sich mit saftigem Weideland abwechselten. Dazwischen lagen einzeln verstreut Hütten und Gehöfte. In der Ferne sah man, wie die Bauern ihre Äcker bestellten, während die Frauen vor den Häusern die Feuerstellen mit Holz versorgten, um das Essen zu bereiten.

Der Junge folgte dem Meister, der den Weg zu einer der Hütten eingeschlagen hatte. Sie holten ihre Schalen hervor und baten um ein Almosen.

»Ich schäme mich, Meister«, klagte der Junge, »immer betteln zu müssen.«

Der Meister lachte: »Du bettelst nicht. Im Gegenteil, du ermöglichst den Menschen eine gute Tat, indem sie dir etwas schenken können.«

»Und was ist mit denen, die selbst nicht genug haben, um satt zu werden?«, begehrte der Junge auf. »Sollen sie auch uns etwas abgeben?«

»Diesen Menschen müssen wir etwas schenken«, antwortete der Meister.

»Aber wie, wo wir doch selber nichts besitzen?«

»Indem wir für sie betteln gehen.«

Die beiden Wanderer ließen sich an einer Wiese nieder und begannen zu essen. Da sah der Meister, dass der Junge seine Mahlzeit lustlos betrachtete. »Schmeckt es dir nicht?«, fragte er.

»Wie soll das da schmecken?«, meinte der Junge verdrossen und dachte voll Sehnsucht an den immer reich gedeckten Tisch in seinem Elternhaus.

»Alles schmeckt, wenn es mit Ehrfurcht zubereitet und mit Dankbarkeit gegessen wird.«

Mit diesen Worten brachte ihn der Meister in die Wirklichkeit zurück, und als er merkte, dass sein Schüler betreten zu Boden blickte, legte er den Arm um ihn und fuhr fort: »Man hat uns ein Reiskorn geschenkt. Lass uns versuchen, diese Gabe zu würdigen. Lege das Korn auf deine Zunge und schließe die Augen. Kannst du das Feld schmecken, auf dem es wuchs? Kannst du den Himmel schmecken, der über der Erde wachte? Und kannst du das All schmecken, das in dir wächst?«

Nach einer Weile öffnete der Schüler die Augen und sagte: »Das war das beste Reiskorn, das ich je gegessen habe.«

Ohne Fürsorge ist niemand lebensfähig.

Am Himmel waren schwere graue Regenwolken aufgezogen. Obwohl es früh am Tag war, schien es, als stünde die Nacht unmittelbar bevor. Die Natur hatte all ihre Kraft gesammelt und drohte, sich jeden Augenblick zu entladen.

Der Pfad war vom schmelzenden Schnee fast unbegehbar geworden. Der Meister und sein Schüler stapften durch den tiefen Schlamm. Plötzlich stießen sie auf eine Schafherde. Die Tiere standen dicht aneinander gedrängt, um sich vor dem drohenden Gewitter gegenseitig Schutz zu bieten. Der Hirte hatte ein von der Herde abgekommenes Jungtier aufgespürt und brachte es nun auf seinem Pferd zurück. Als er die beiden Gestalten herannahen sah, freute er sich über die unerwarteten Besucher, zumal es inzwischen wieder heller geworden war und Blitz und Donner auszubleiben schienen. Er ritt den beiden entgegen und bot ihnen zur Begrüßung frischen Käse an, den er aus einer der Satteltaschen hervorholte. Der Meister legte die Hände vor der Brust zusammen und dankte dem

Hirten, indem er sich leicht verneigte. Der Junge tat es ihm gleich und fragte den Mann: »Lebst du hier ganz allein?«

»Nein«, antwortete dieser, »du siehst doch, ich lebe mit meinen Schafen.«

»Aber du hast keine Eltern und Verwandten?«

»Nein«, wiederholte der Hirte.

»Dann musst du ja schrecklich einsam sein«, meinte der Junge voll Mitleid, und er merkte plötzlich, wie sehr er seine Eltern und seine Geschwister vermisste.

»Nein«, lachte der Schäfer, »ich bin nicht einsam, ich bin frei.«

»Keiner von uns ist frei«, sprach daraufhin der Meister und blickte zu den Schafen hin: »Wir sind wie sie. Ohne Fürsorge ist niemand lebensfähig. Wir sind alle aufeinander angewiesen; und deshalb haben wir Verantwortung zu tragen.«

»Aber das hieße ja, dass es gar keine Freiheit gibt«, begehrte der Junge auf.

»Freiheit gleicht der Luft. Du kannst sie weder sehen noch hören; und wenn sie dich berührt, weißt du ihren Wert nicht zu schätzen. Hast du sie aber verloren, dann sehnst du dich nach ihr. Meinst du, ein freier Mann kann tun, was er will? Nein, denn er muss ebenso die Last der Verantwortung auf sich nehmen wie der Hirte, der für seine Tiere sorgt.«

Da sagte der Schäfer: »Aber es ist doch selbstverständlich, dass ich für sie sorge.«

»Gerade deshalb bist du frei«, sprach der Meister und blickte gleichzeitig auf seinen Schüler. Danach machten sie sich auf, um dem Gewitter, das sich wieder näherte, zu entkommen.

Alles geschieht, weil es geschehen muss.

Eines Tages gelangten der Meister und sein Schüler zu einem Dorf, in dem sich beinahe an jedes Haus ein prachtvoller Obstgarten anschloss. Überall dufteten die Blüten der Pfirsich-, Mandel-, Pflaumen- und Aprikosenbäume. Der Frühling lockte mit all seinen Erwartungen.

In einem der Gärten pflückte ein junges Mädchen Blumen. Wenn sie sich bückte, berührte ihr langer schwarzer Zopf die Erde. Ihre Silhouette erinnerte an eine kostbare Vase aus feinstem Porzellan. Als der Junge dieses Bild wahrnahm, spürte er zum ersten Mal ein heftiges Verlangen in sich. Es war ein Gefühl, das ihm bislang unbekannt gewesen war, freudig und quälend zugleich. In diesem Augenblick verließ das Mädchen den Garten. Als sie an den beiden Wanderern vorüber kam, blickte sie scheu zu Boden.

Kurz danach fragte der Junge: »Meister, wollen wir ihr folgen und dort, wo sie wohnt, um unsere Mahlzeit bitten?«

Die Antwort des Meisters blieb aus, denn mittlerweile war das Mädchen nicht mehr zu sehen.

Nun traten der Meister und sein Schüler an eines der Häuser heran und suchten sich gerade bemerkbar zu machen, als aus dem verfallen wirkenden Nachbarhof ein blinder alter Mann trat und rief: »Wo seid ihr? Kommt in mein Haus und nehmt euer Mahl bei uns ein!«

Der Meister nahm den Jungen an der Hand, und sie betraten das Haus, das von innen einen ganz anderen Eindruck vermittelte. Es war warm und gemütlich, sauber und hell. An der Feuerstelle kniete das Mädchen, dem sie zuvor begegnet waren, und legte Holz auf.

»Meine Enkeltochter hat mir erzählt, dass ihr hier seid«, sagte der Blinde. »Sucht euch einen Platz, das Essen wird bald fertig sein.«

Während der Junge an den Tisch herantrat, gelang es ihm, einen Blick auf das Gesicht des Mädchens zu werfen. Er war von dessen Ausdruck so verzaubert, dass er vergaß, sich zu setzen, und wie angewurzelt stehen blieb.

»Setz dich«, hörte er den Meister sagen.

Sodann fing der Blinde zu erzählen an: »Ich lebe hier allein mit meiner Enkeltochter, die ich aufzog, da ihre Eltern vor vielen Jahren bei dem großen Schneeunglück umkamen. Seit meine Sehkraft nachließ und ich eines Morgens überhaupt nichts mehr sehen konnte, versorgt mich meine Enkelin; und sie verwöhnt mich so sehr, dass ich froh bin, blind zu sein.«

»Wir alle könnten uns glücklich schätzen, wenn wir die Leiden der Welt nicht sehen müssten«, sprach der Meister.

Daraufhin sagte das Mädchen: »Ihr wisst doch über die Dinge des Lebens Bescheid. Könnt Ihr mir sagen, ob ich meine Eltern eines Tages wiedersehen werde?«

Vorübergehend wurde es still im Raum. Dann erhob der Meister seine Stimme und sagte: »Es gibt im Leben keinen Tod; alles ist Verwandlung. Die Blätter fallen vom Baum, um wieder zu Erde zu werden, die einen neuen Baum wachsen lässt.«

»Aber Menschen sind doch keine Bäume«, wandte der Junge ein.

Darauf entgegnete der Meister: »Alles ist eins. Alles lebt nach demselben Gesetz. Alles vergeht nach demselben Gesetz. Und alles kehrt nach demselben Gesetz zurück. Der Fluss des Wandels rauscht in uns – auch in diesem Augenblick; und im nächsten; und im übernächsten ... Wir sind nur ein Tropfen in seinen Fluten.«

»Und was ist mit der Liebe?«, wollte nun der Junge wissen. »Unterliegt auch sie diesem Gesetz?«

»Liebe ist immer da, auch wenn sie abwesend zu sein scheint«, antwortete der Meister.

Der Großvater aber, der zwischen dem Meister und dem Jungen saß, sagte: »Was sich ereignen wird, das können wir nicht vermeiden. Und was sich nicht ereignen wird, das können wir nicht erzwingen. Alles geschieht, weil es geschehen muss. – Und nun lasst uns essen!«

Später, als sie weiterzogen, wandte der Junge seinen Blick immer wieder dorthin zurück, wo er das Haus des Mädchens wusste.

Wandle die Macht der Zerstörung
in die Kraft des Guten.

Der Meister und sein Schüler hatten lange Wege zurückgelegt, als sie eines Tages an eine Wüste gelangten, die sich vom Fuße eines Gebirgszuges aus in die Endlosigkeit erstreckte. Der Sand war mit Geröll vermischt, aber wenn es den Strahlen der Sonne gelang, die Wolken zu durchbrechen, wurde aus den dunkelgrau scheinenden Hügeln ein goldgelb leuchtendes Meer mit sanft wogenden Wellen.

Die Wanderer mussten diesen Ort durchqueren, um ihren Weg auf der anderen Seite, wo sie erneut ein hohes Gebirge erwartete, fortsetzen zu können. Tagelang mühten sie sich vorwärts. Um Kraft zu sparen, sprachen sie kaum miteinander. Sie verständigten sich mit Blicken, und wenn sie Rast hielten, nahmen sie so wenig wie möglich zu sich, da sie nicht wussten, wie lange sie brauchen würden, um ihr Ziel zu erreichen. An manchen Tagen schien sich der Sand in Schnee zu verwandeln, aber es war nur die Hitze, die ihn so weiß schimmernd erscheinen ließ. An dieser Hitze verzweifelte der Junge fast, ebenso wie an der Kälte, die sich nachts über die Ebene legte. Der Meister jedoch lehrte ihn, dass Unempfindlichkeit gegenüber Hunger und Durst, Hitze und Kälte dazu beitragen würde, einem Suchenden die Kraft zu geben, die er benötigte, um an sein Ziel zu gelangen.

Mit einem Mal verschwand die Sonne, und die Hitze war kaum mehr zu spüren. Als sich der Junge umblickte, sah er, wie sich ihnen eine riesige schwarze Staubwolke mit ungeheurer Geschwindigkeit näherte. Noch war sie weit entfernt, doch es blieb wohl kaum genügend Zeit, das rettende Gebirge, das direkt vor ihnen lag, ohne Schaden zu erreichen. Unaufhaltsam schob sich die Staubwolke vorwärts. Da wandte sich der Meister um, breitete die Arme aus und rief mit einer Stimme, die den Jungen erschauern ließ: »Sturm, Bruder Sturm, lass all deinen Ärger, deinen Zorn und deinen Hass sichtbar werden und wandle die Macht der Zerstörung in die Kraft des Guten. Eile dorthin, wo man dich braucht! Finde deine Freiheit, indem du dich nützlich machst! Und jetzt zeige dich noch einmal in deiner ganzen Pracht!«

Kaum hatte der Meister diese Aufforderung ausgesprochen, raste der Sturm über ihn und den Jungen hinweg. Er peitschte den Sand so heftig auf, dass es schien, ewige Nacht sei über die Welt gekommen. Der Junge rief verzweifelt nach seinem Beschützer. Wie von ferne vernahm er dessen Worte: »Nimm das Ende des Stocks und halte dich daran fest! Wenn wir durch ihn verbunden sind, kann es uns gelingen, die nächsten Felsen zu erreichen, wo wir vor dem Sturm sicher sind.« Der Junge ergriff den Stab, und sie rannten, so schnell sie konnten, dorthin, wo sie das rettende Gebirge erahnten. Aber die Angst des Jungen wuchs. Die Felsen waren weiter entfernt, als er angenommen hatte. Der Sand legte sich in seine Augen und Ohren, er verschloss ihm die Nase, er hüllte ihn vollständig ein und ließ ihm keine Möglichkeit des Entkommens. Krampfhaft hielt er sich am Stock des Meisters fest, denn er wusste, wenn er loslassen würde, wären sie beide verloren. Da hörte er durch das Getöse des Orkans hindurch eine kraftvolle Stimme, die ihm zurief: »Lass nicht los! Gleich hast du es geschafft! Nur noch ein kleines Stück!«

Mit einem Mal spürte der Junge Steine unter den Füßen und nahm wahr, wie der Sturm allmählich nachließ und der Sand in der Luft immer weniger wurde. Langsam öffnete er die Augen, doch zu seiner Überraschung bemerkte er nichts als trübe Dunkelheit. Sie befanden sich in einer Höhle, die am Fuße des Gebirges lag. Nur ein schmaler Spalt führte in ihr Inneres. Der Meister hatte diesen Zutritt offenbar gekannt, denn er sagte: »Hier halte ich oft Zwiesprache mit Bruder Sturm. Er weiß wohl, dass er seine Unbeherrschtheit zügeln sollte, aber es gelingt ihm nicht immer. Er ist so voller Kraft, dass er nicht erkennt, wo er sie einsetzen soll. Früher gefiel es ihm auch, mit seiner Schwester, dem Wasser, die Felsen auszuhöhlen. Deshalb gibt es hier unzählige Spalten, Rinnen und Grotten, eine tiefer als die andere. Manche sind so geräumig, dass man Tage braucht, um sie zu erkunden.« Einen Augenblick lang hoffte der Junge, der Meister hätte ihn hierher geführt, weil er in einer der Höhlen den Schatz wusste, den zu bergen er ihm helfen sollte. Doch dann sagte der Meister: »Hier finden wir nichts als die Wunden der Erde.«

Als sich der Junge an die Dunkelheit gewöhnt hatte, sah er, dass die Wände der Höhle von verschieden großen, aber leeren Nischen durchzogen waren. »Vor langer Zeit standen hier überall Statuen«, hörte er den Meister sagen. »Sie wurden von Pilgern angefertigt, die auf der Suche nach dem Schatz des Lebens waren. Auf ihrem Weg in ein fernes Land hielten sie hier Rast, um geistig und körperlich Kraft zu sammeln. Als Gabe des Dankes und als Aufforderung an andere, ihnen zu folgen, hinterließen sie die in den Fels gehauenen Bildwerke, die so kunstvoll gearbeitet waren, dass bald nicht nur Gläubige von ihrem Dasein wussten.«

»Aber warum sind heute alle Nischen leer?«, fragte der Junge.

»Weil es Menschen gibt, welche Dinge an sich reißen, die ihnen nicht gehören, um sie gegen Münzen einzutauschen, von denen sie meinen, sie würden ihnen gehören. Doch dann tauschen sie ihre Münzen gegen Dinge ein, von denen sie meinen, sie zu brauchen; und die Münzen sind mit einem Mal im Besitz von anderen Leuten. So geht es immer weiter, ohne dass sich je etwas ändern würde.«

Der Meister hielt eine Weile inne. Dann fuhr er fort: »Eines Tages jedoch werden alle Statuen wieder zu Sand werden, und Bruder Sturm wird ihn an herrliche Gefilde und an unwirtliche Gestade tragen – genauso wie er dich und mich hierher führte. Und kaum ist er entschwunden, treibt es auch uns weiter, bis wir eines Tages selbst zu Sandkörnern werden, um mit anderen wieder zu verschmelzen und von Bruder Sturm irgendwohin getragen zu werden, wo wir erneut Gestalt annehmen.«

Mittlerweile hatte sich der Orkan beruhigt, und der Meister und sein Schüler machten sich auf, die Höhle zu verlassen. Als sie den Ausgang erreicht hatten, fragte der Junge: »Wohin gehen wir jetzt?« Und fast tonlos antwortete der Meister: »Dorthin, wo der Schatz zu finden ist.«

Hab' Vertrauen in dich.

Der Sturm hatte so viel Sand in die Höhle getragen, dass der Meister und sein Schüler große Mühe hatten, ihren Zufluchtsort wieder zu verlassen. Doch auch jenseits des Eingangs hatte sich die Welt verändert. Wo Sand und Geröll früher zu Hügeln aufgetürmt waren, gab es jetzt nichts als glattgefegte Ebenen, und dort, wo einst alles flach gewesen war, erhob sich nun eine Vielzahl von Anhöhen, die sich mit den Gebirgsausläufern kreuzten, so dass die Orientierung schwer fiel, da alle vormaligen Anhaltspunkte verschwunden waren. Trotzdem fand der Meister entlang des Berges einen Weg, der zur nächsten menschlichen Behausung führen würde.

Als sie an einer der zahlreichen Höhlen vorbeikamen, stießen sie auf ein Pferd, dessen Zügel um einen Felsbrocken geschlungen waren. Der Besitzer war nicht zu sehen. »Das Tier gehört bestimmt einem, der hierher gekommen ist, um in den Höhlen nach noch verbliebenen alten Statuen zu suchen«, stellte der Meister fest; »so jemand schätzt bestimmt keine Augenzeugen.«

»Dann sind wir hier aber in Gefahr!«, rief der Junge. »Lass uns so schnell wie möglich weiterziehen!«

»Nein«, sprach der Meister und machte es sich neben dem Pferd bequem, »solange du keine Angst hast, meidet dich die Gefahr. Also lass uns warten, bis der Besitzer des Pferdes auftaucht.«

Es dauerte nicht lange, da erschien ein in Lumpen gehüllter Junge, nicht viel älter als der Schüler. Erschrocken fragte er: »Was macht ihr hier?«

»Wir warten auf dich«, sagte der Schüler.

»Und warum erwartet ihr mich?«

»Weil wir wissen, was du im Berg gesucht hast.«

Der Junge nahm einen prall gefüllten Sack von seiner Schulter, blickte verlegen zu Boden und entgegnete: »Woher wollt ihr das wissen?«

»Wir glauben, dass du dem Berg sein uraltes Erbe entreißen willst«, sagte der Meister mit strenger Stimme.

»Das geht euch gar nichts an; und außerdem: Die Statuen gehören doch niemandem«, rief der Junge erregt.

Da stand der Meister auf und sprach: »Was niemandem gehört, kann man auch nicht forttragen. Oder meinst du, du könntest ein Stück Land wirklich besitzen?«

»Natürlich, wenn ich es einzäune.«

»Aber kannst du es dann auch fortbringen?«

»Nein, doch ich kann innerhalb des Zaunes bleiben.«

»Sehr gut«, sagte der Meister. »Wenn du also meinst, dass diese Statue dir gehört, dann geh mit ihr dorthin zurück, wo du sie gefunden hast und bleibe für immer bei ihr.«

Der fremde Junge schwieg betroffen. Dann verneigte er sich vor dem Meister. »Danke, ich habe schon verstanden«, flüsterte er beschämt und schlug erneut den Weg zur Höhle ein. Mit einem leeren Beutel kehrte er wieder, und der Meister legte alles, was sie noch zu essen hatten, hinein.

»Und was soll ich machen, wenn der Beutel wieder leer ist?«, fragte der Junge.

»Hab Vertrauen in dich – und dein Beutel wird niemals leer sein; gerade wenn du nicht stiehlst.« Danach grüßte er den Jungen und zog mit seinem Schüler weiter.

Verliere nicht deinen Glauben.

Sie waren tagelang unterwegs gewesen, bis endlich die ersten Anzeichen einer Siedlung auftauchten und die Landschaft lieblicher wurde.

Der Schüler war dankbar, dass sein Hunger und sein Durst nun bald gestillt werden würden. Er fühlte sich müde und erschöpft. Seine Kleidung und seine Schuhe waren zerfetzt und schmutzig, und er hatte sich schon seit langem nicht mehr waschen können. Er bereute es jetzt, sein sicheres Heim verlassen zu haben und sehnte sich nach Hause.

Als der Meister sah, wie matt und verdrossen sein Schüler war, sagte er zu ihm: »Verliere nicht deinen Glauben! Du hast mehr Kraft als ich. Und sicher bekommen wir auch bald etwas zu essen.«

In diesem Augenblick kam ihnen eine Frau entgegen und lud die Wanderer ein, sich im Hause ihres Mannes zu stärken und auszuruhen. Ihr Anblick weckte bei dem Jungen die Erinnerung an seine Mutter, und seine Sehnsucht wurde noch größer. Die Freude jedoch, sich gleich in der Sicherheit einer schützenden Unterkunft wiederzufinden, milderte seinen Unmut.

Nachdem sie gegessen und sich gereinigt hatten, wollte ihnen die Frau ihre Schlafstätte zuweisen. Doch der Meister sagte: »Ich danke dir, aber wir ziehen es vor, dir nicht weiter zur Last zu fallen. Diese Nacht schlafen wir lieber noch einmal auf der Erde, in den Armen unserer Mutter, denn von morgen an werden wir sie für lange Zeit entbehren müssen.«

Sie verließen das Haus bei anbrechender Dunkelheit. Die Farben des Himmels waren klar, und die Landschaft lag in Stille gehüllt vor ihnen. Als der Mond das weite Land erleuchtete, bemerkte der Junge seinen eigenen Schatten und war überrascht, wie groß er mittlerweile geworden war. Doch dann fiel sein Blick auf den Schatten des Meisters, und in diesem Augenblick ahnte er, dass der Weg, der vor ihm lag, noch lange nicht zu Ende sein würde.

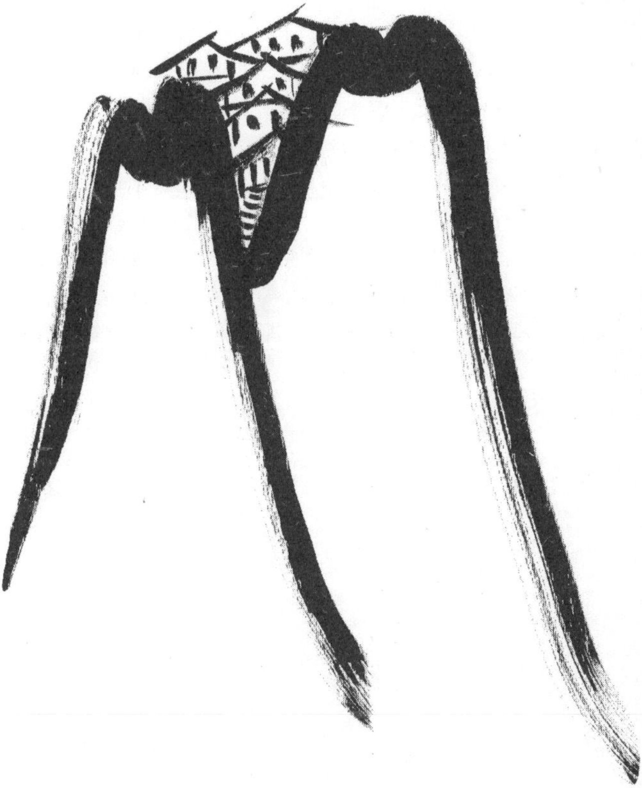

Jedes Haus
wurde von einem goldenen Dach gekrönt.

Als der Junge erwachte, sah er seinen Meister in innerer Versenkung. Das Gesicht hielt er dorthin gewandt, wo bald die Sonne aufgehen würde, und seine Hände lagen wie Schalen über seinen Knien. Der Junge sprang auf und lief zum Bach, um sich zu waschen. Dann ordnete er sein Gewand. Inzwischen hatte die Sonne helle Punkte in die Landschaft gemalt, die Luft war kühl und frisch, und nur wenige kleine Wolken trieben am Himmel dahin.

Der Meister sprach kein Wort, als der Schüler zu ihm trat. Er hob nur seinen Stock und deutete in die Richtung, die sie einzuschlagen hatten.

Der Weg war mühsam, und sie kamen nur langsam voran. Immer wieder behinderten riesige Felsbrocken ihr Weiterkommen, so dass sie auf Saumpfade ausweichen mussten, um zu jener Stelle zu gelangen, von der aus der Aufstieg zum Tempel möglich war. Bis dahin hatten sie nahezu undurchdringliche Wälder zu passieren und Schluchten und reißende Tobel zu überwinden.

Schließlich kamen sie an einen See, der sich unterhalb eines gewaltigen Bergmassivs ausbreitete. Der Junge kniete nieder, um mit den Händen Wasser zu schöpfen. Da nahm er einen goldenen Glanz wahr, der auf den Wellen lag, die der Wind zu ihm hintrieb. Er hob den Kopf und starrte nach oben. Dort thronte auf einem Felsvorsprung eine uralte Tempelanlage von solcher Erhabenheit, dass er bei diesem Anblick von tiefer Bewunderung ergriffen wurde.

Während des Aufstiegs konnte er feststellen, dass das Bauwerk aus einigen großen und vielen kleineren Gebäuden bestand. Jedes Haus wurde von einem goldenen Dach gekrönt, dessen kunstvoll geschnitzte Kanten leicht nach oben geschwungen waren, als wollten sie die irdische Welt hinter sich lassen. Eine pagodengeschmückte Mauer umgab die gesamte Anlage. Sie sollte die Bewohner vor wilden Tieren schützen.

Die beiden Wanderer betraten den Tempelbezirk. Das Herz des Jungen war von Ehrfurcht und Neugierde erfüllt. Er folgte dem Meister, der über eine breite Treppe in einen Andachtsraum schritt. Da sich dort niemand befand, gingen sie weiter zu einem der Nebengebäude, das eine Werkstätte beherbergte, in der einige Mönche alte Schriften auf mögliche Schäden untersuchten.

Der älteste erhob sich, trat zu den beiden Ankömmlingen und begrüßte sie, indem er sich vor ihnen verneigte und sprach: »Seid willkommen! Wir hatten euch schon früher erwartet, aber wir hörten, dass ein Sandsturm eure Reise verzögerte. Gut, dass ihr ihn ohne Schaden überstanden habt! Ich habe schon alles für euch vorbereiten lassen.« Der Meister verneigte sich ebenfalls und bedankte sich für die Anteilnahme. Dann forderte er seinen Schüler auf, niederzuknien und dem alten Mönch seine Ehrerbietung darzubringen. Der machte ihn anschließend mit den Regeln des Klosters bekannt und sagte: »In diesem heiligen Bezirk stärken wir Mönche nicht nur unseren Geist, sondern auch unseren Körper, da wir der Überzeugung sind, dass weder der eine noch der andere vernachlässigt werden darf, denn wir leben ja von beiden. Außerdem üben wir uns in der Kunst der inneren Versenkung und darin, auf die Stimme der Natur zu hören. Die Menschen leben oftmals so schnell, dass sie das, was wirklich wichtig ist, übersehen. Im Kloster weiß man die Langsamkeit zu schätzen, weil man nur durch sie richtig sehen, hören, riechen, schmecken und fühlen lernt.« Ein junger Mönch führte sie durch den Garten zu ihrer Kammer. Dort überfiel den Schüler tiefe Müdigkeit, so dass der Meister ihm riet, sich schlafen zu legen.

Als noch vor Sonnenaufgang das Zeichen ertönte, welches das Ende der Nachtruhe ankündigte, zog der Meister den Vorhang beiseite, der sein Lager von dem des Jungen trennte. Er merkte, dass sein Schüler noch tief schlief. Dennoch weckte er ihn, um mit ihm zum Morgengebet zu gehen. Sie betraten die Andachtshalle und sahen, dass diese fast bis auf den letzten Platz besetzt war, obwohl immer noch von allen Seiten Mönche in weiten, wehenden Gewändern hereinkamen. Im allmählich einfließenden Tageslicht verwandelten die Farben ihrer Kleidung den Raum in einen hell erleuchteten Ort der inneren Sammlung.

Jeder betete zuerst still für sich, bis die Novizen zum Klang der Instrumente ihren Gesang anstimmten, um gemeinsam um Erhellung der Herzen zu bitten.

Später gingen alle ihren verschiedenen Aufgaben nach. Die einen hatten in der Küche zu arbeiten, andere im Garten, und wieder andere mussten zur Quelle unterhalb des Berggipfels klettern, um von dort das Wasser für den Tempel herbeizuschaffen. Etliche Mönche übten sich in der Kunst der Aufmerksamen Reinigung, und manche widmeten sich dem Studium alter Handschriften zur Erweiterung ihres Wissens.

Da dem Jungen keine besondere Aufgabe zugeteilt worden war, folgte er dem Meister in ihre gemeinsame Kammer. Dieser bat ihn, Teewasser aufzusetzen und zog sich an den Schreibtisch zurück. Der Junge tat, wie ihm aufgetragen, legte sich dann auf seine Lagerstatt und begann, über sein neues Zuhause nachzudenken. Plötzlich riss ihn das Klappern des Teekessels und ein gewaltiges Zischen aus seinen Gedanken. Da trat der Meister zu ihm und sprach: »Die meisten Menschen gleichen dem Wasser in einem Kessel. Sie bemühen sich, den Siedepunkt zu erreichen, doch wenn dies geschehen ist, denken sie nicht daran, dass man den Kessel vom Feuer nehmen muss. Deshalb kocht das Wasser über und löscht genau das aus, was es überhaupt erst zum Kochen brachte.«

»Und was ist, wenn man das Wasser ständig am Kochen hält, ohne dass es das Feuer auslöscht?«, fragte der Junge.

»Dann wird es zu Dampf, und dieser verschwindet in der Luft. Aber: Kannst du Luft festhalten?«

»Natürlich nicht«, antwortete der Schüler, und der Meister fuhr fort: »Jedoch der Dampf kann zu dir zurückkehren.«

»Wie denn?«

»Er hat die Möglichkeit, sich in Regen zu verwandeln. Kann man aber sicher sein, dass das Wasser des Regens dasjenige ist, das aus dem Teekessel stammt?«

»Nein«, erwiderte der Junge, »das ist unmöglich.«

»Der Weg des Wassers«, sprach der Meister weiter, »gleicht dem Weg des Lebens. Eltern meinen, ihre Kinder würden ihnen gehören. Kinder denken, sobald sie erwachsen sind, ihre Körper würden ihr Eigen sein. Jeder achtet sorgfältig auf das, was er für sein Hab und Gut hält. Doch wie sehr man es auch wertschätzt – alles, was man meint zu besitzen, wird einen wieder verlassen, und niemand kann das verhindern. Die Kinder werden die Eltern verlassen, unsere Seele wird unseren Körper verlassen, und alles, was einer erworben hat, wird fortgehen, ohne dass er es aufzuhalten vermag. Deshalb ist es gut, so zu leben wie das Wasser.«

Sodann war es der Meister, der Feuer machte, um Wasser für den Tee zum Kochen zu bringen.

Im Tempel erfuhr der Junge das Geheimnis der Zeitlosigkeit.

Es vergingen Tage und Wochen und Monate und Jahre. Im Tempel erfuhr der Junge das Geheimnis der Zeitlosigkeit. Nichts änderte sich, alles lebte nach einem bestimmten Gleichmaß. Die geistigen und körperlichen Übungen wiederholten sich beinahe stündlich, und es schien ihm, als würde seine Welt einem Gesetz folgen, das seit uralten Zeiten unwandelbar die Geschichte bestimmte. Er hatte zu beten, zu studieren, zu putzen, zu kochen, zu schreiben; er musste lernen, sich zu verteidigen und seine Gefühle zu beherrschen. Er hatte einfachste Arbeiten zu verrichten und musste gleichzeitig schwierigste Aufgaben erfüllen.

Allmählich wurde er mit den Vorschriften des Tempels vertraut. Eine davon bestand darin, dass die Novizen angehalten waren, alles Wasser, das der Tempel benötigte, in Eimern von der Quelle der Anlage herbeizuschleppen. Dafür hatte jeder eine Bambusstange, an deren Ende jeweils ein hölzernes Gefäß hing, über den Schultern liegen.

Als er eines Morgens, nur mit seinen Stoffschuhen an den Füßen, durch den tiefen Schnee stapfend in den Tempel zurückkam, sagte der Meister zu ihm: »Wenn du gelernt hast, dich selbst zu vergessen, wirst du auch den Schmerz nicht mehr spüren. Und wenn du gelernt hast, auf Ablenkungen zu verzichten, hast du dich selbst schon vergessen.«

Da fragte der Junge: »Aber was ist daran falsch, sich abzulenken?«

Der Meister lachte verständnisvoll: »Um den Schatz des Lebens aufzuspüren, ist es nötig, sich vom Baum des Kummers fernzuhalten. An seinen Zweigen wächst das Leid genauso wie die Lust. Schneidet man nur die Zweige ab, bleibt die Wurzel stehen und neue Äste wachsen nach. Deshalb muss man den Baum des Kummers mitsamt der Wurzel ausreißen, um Herr seiner Leidenschaften zu werden, der guten wie der schlechten.«

Im Tempel angekommen, leerte der Schüler seine Last in das Wasserbecken. Dann lief er, so rasch er konnte, zur Quelle zurück. Als der Meister seinen Übereifer sah, fragte er ihn: »Meinst du, die Sonne ginge früher unter, nur weil du abends eher schlafen gehen willst?«

Niemand ist von Natur aus ein Dieb.

Mit der Zeit fand der Schüler am Leben im Tempel Gefallen. Selbst die Gebetsstunde am Abend brachte ihm mittlerweile Erfüllung – er sehnte sich geradezu danach, mitzuerleben, wie sich die Gesänge der Mönche mit den Stimmen der Natur vereinten.

Eines Abends fragte ihn der Meister: »Wie steht es nun um deine Kunst des Wassertragens?«

»Es geht schon viel schneller«, antwortete der Junge.

»Bist du schneller als das Wasser?«, wollte nun der Meister wissen.

Der Junge überlegte. Dann sagte er stolz: »Es sind meine Schritte, die schneller sind.«

Daraufhin sprach der Meister: »Wenn du dich selbst überwinden willst, musst du mit dem Wasser eins werden. Du darfst weder schneller noch langsamer sein. Um an dieses Ziel zu gelangen, sind all die geistigen und körperlichen Übungen, die du hier erlernst, notwendig. Die geistigen helfen dir, dein Inneres, die körperlichen, dein

Äußeres zu vergessen. Wenn du beides erreicht hast, wirst du auch den Kummer überwunden haben, denn der Kummer bist du, ihr seid dasselbe. Und wenn man jenseits des Kummers ist, trifft man die Weisheit, die einen bittet, sich mit ihr zu vereinigen.«

In den Wochen danach musste der Schüler mehr als je zuvor lernen. Er zog sich in die Bibliothek zurück, die in einer Pagode untergebracht und bis zur Decke mit alten Schriften aus vielen Ländern vollgestopft war. Dort verbrachte er die meiste Zeit des Tages. Er fand alte Handschriften und sog begierig deren Weisheit auf, er las in den Büchern, welche die Mönche des Tempels verfasst hatten, und er lernte und begann zu verstehen.

Als er sich gerade in ein besonders altes Werk, dessen Schrift in Bambusholz geritzt war, vertiefen wollte, nahm er plötzlich einen gewaltigen Tumult wahr, der aus dem Raum über dem Studierzimmer kam, in dem die wertvollsten Manuskripte aufbewahrt wurden. Unruhig geworden sprang der Junge auf und lief die Treppe nach oben. Dort versuchten gerade einige Mönche, einen Dieb festzuhalten, der eine der Handschriften stehlen wollte und sich nun verzweifelt gegen seine Festnahme wehrte. Der Schüler eilte den Mönchen zu Hilfe und erkannte in dem Eindringling den Jungen wieder,

der damals nach dem großen Sandsturm die Statuen aus den Höhlen am Rande der Wüste hatte entwenden wollen.

Nachdem es gelungen war, ihn zu überwältigen, brachte man ihn vor den Abt, und als dieser gerade drohte: »Wer gegen das Gesetz verstößt, muss bestraft werden«, betrat der Meister den Raum. Auch er sah sogleich, um wen es sich bei dem Missetäter handelte, und sprach: »Es gibt Menschen, die um des Stehlens willen stehlen, aber es gibt auch welche, die stehlen, weil sie in Not sind. Bestraft man erstere, erfüllt man das Gesetz, bestraft man die anderen, verschlimmert man ihre Lage nur noch mehr.«

Da der Meister im Tempel besonders hohes Ansehen genoss, wagte niemand, ihm zu widersprechen, doch der Abt fragte ihn: »Weißt du nicht, dass der Fluss, dessen Lauf man verändert, eines Tages großen Schaden verursachen wird? Wie kannst du nur das Gesetz ändern wollen?«

»Wenn ein Fluss jedes Jahr erneut über die Ufer tritt, ist es da nicht besser, ihm ein neues Bett zu graben, anstatt mit Sandsäcken immer wieder zu versuchen, sein Überlaufen zu verhindern?«, lautete die Gegenfrage des Meisters.

»Das halte ich für richtig«, stimmte der Abt zu. »Aber kannst du mir auch sagen, wie man diesem Fluss ein neues Bett schafft?«

»Dieser junge Mann, dem mein Schüler und ich schon einmal begegnet sind, ist kein Dieb von Natur aus. Niemand wird als Dieb geboren. Es ist immer das Leben, das jemanden dazu bringt, anderen etwas wegzunehmen, was ihm nicht gehört. Und deshalb muss die Strafe so eingesetzt werden, dass man das Leben dieses Menschen nicht noch mehr zerstört, sondern ihm Gelegenheit zur Wiedergutmachung seiner Tat bietet und ihm gleichzeitig neue Wege zur Erfüllung seines Daseins eröffnet. Deshalb rate ich, diesen Jungen im Tempel zu behalten und ihn alles zu lehren, was es zu wissen gibt. Im Austausch dazu wird er bei sämtlichen Arbeiten helfen, die nicht zu den Pflichten der Mönche gehören. Und gewiss wäre es auch sinnvoll, ihn zu fragen – bevor man ihn verurteilt –, weshalb er zum Dieb wurde.« Da trat der Junge vor den Meister, verneigte sich tief und demütig: »Meister, ich habe deine Worte von damals nicht vergessen, aber leider gelang es mir nur selten, auf ehrliche Weise dafür zu sorgen, dass mein Beutel nicht leer wurde. Aber du hast Recht: Niemand ist von Natur aus ein Dieb, auch ich nicht. Und dennoch hat mich das Leben dazu gemacht. Ich bitte dich, und auch euch, ihr Mönche, meine Geschichte anzuhören:

Als vor Jahren das Haus meiner Eltern bis auf die Grundmauern abbrannte, überlebte niemand außer mir und meinen beiden jüngeren Brüdern, die ich aus den Flammen retten konnte. Für meine Eltern kam jede Hilfe zu spät. Und obgleich es in unserem Dorf viele Wohlhabende gab, sah sich niemand dazu veranlasst, uns Waisen zu unterstützen und unsere Not zu lindern. Niemand gab mir Arbeit, man sagte, ich sei zu schwach dafür. Ich musste aber doch für meine beiden Brüder sorgen – und auch für mich selbst. Also begann ich, Hühner und Enten zu stehlen. Aber das reichte, vor allem im Winter, nicht aus. Eines Tages kamen zwei Fremde in unser Dorf, ein Mann und eine Frau. Sie suchten nach alten Zeugnissen unserer Kultur. Da ich wusste, wo sich solche befanden, schaffte ich sie zur Seite und bot sie den beiden an, die mir Geld dafür gaben. Als sie unser Dorf wieder verließen, wollten sie meine beiden Brüder an Kindes statt annehmen, mich aber nicht, weil ich schon zu alt dafür war. Da ich mich verpflichtet fühlte, für meine jüngeren Geschwister zu sorgen, aber dazu nicht in der Lage war, ließ ich sie mit den Fremden ziehen.«

Der Junge hielt inne und seufzte. Dann fuhr er fort: »In gewissen Kreisen wurde ich durch meine ›Arbeit‹ bekannt und erhielt deshalb gelegentlich den Auftrag, alte Statuen zu besorgen. Da ich von nur einer einzigen solchen Bestellung länger leben konnte als durch den Diebstahl von

Hühnern oder Enten, stahl ich zwar seltener als zuvor, aber wahrscheinlich viel folgenschwerer.«

Der Schüler des Meisters, der diese Worte voll Mitleid angehört hatte, fragte nun den Jungen: »Du hast Berge überwunden und Flüsse durchquert und hast viele Gefahren auf dich genommen, um hierher zu gelangen und diese uralte Handschrift zu stehlen. Was ist es eigentlich, das sie so wertvoll macht?«

»Das weiß ich auch nicht. Man hat mir nur gesagt, dass es sich um die älteste und seltenste Schrift handelt, die es überhaupt gibt.«

Da fragte ihn der Meister: »Wenn dieser Diebstahl erfolgreich gewesen wäre, hättest du dann mit dem Stehlen aufgehört?«

»Selbstverständlich«, antwortete der Junge, »es wäre mir so viel Geld dafür gegeben worden, dass ich sicherlich nie wieder hätte stehlen müssen.«

Der Meister sprach nach einem Augenblick des Schweigens: »Gut, du weißt jetzt, wo sich die Schrift befindet. Wenn du sie immer noch haben willst, wird dich niemand daran hindern, sie mitzunehmen.«

Alle verließen den Raum bis auf den Schüler des Meisters, der zu dem Jungen sprach: »Ich habe große Anstrengungen auf mich genommen und sogar meine Familie verlassen, um dem Meister zu folgen und den Schatz des Lebens zu finden. Seit Monaten studiere ich hier in dieser Bibliothek und merkte nicht, dass das, was ich suchte, immer schon in meiner Nähe war. Ich danke dir, dass du gekommen bist und mir die Augen geöffnet wurden. Endlich weiß ich, weshalb mich mein Meister hierher gebracht hat.«

»Ich glaube nicht, dass dies der Schatz des Lebens ist, den du suchst«, meinte der Junge, »denn wenn er es wäre, dann könnte man ihn sicherlich nicht so leicht stehlen.«

»Aber wo ist er dann?«, fragte der Schüler, mit einem Mal wieder unsicher geworden.

»Hab Vertrauen in dich – sicherlich weiß es dein Meister, sonst hätte er dich nicht auf seinem Weg mitgenommen«, antwortete der Junge. »Und jetzt zeige mir, wie du hier lebst.«

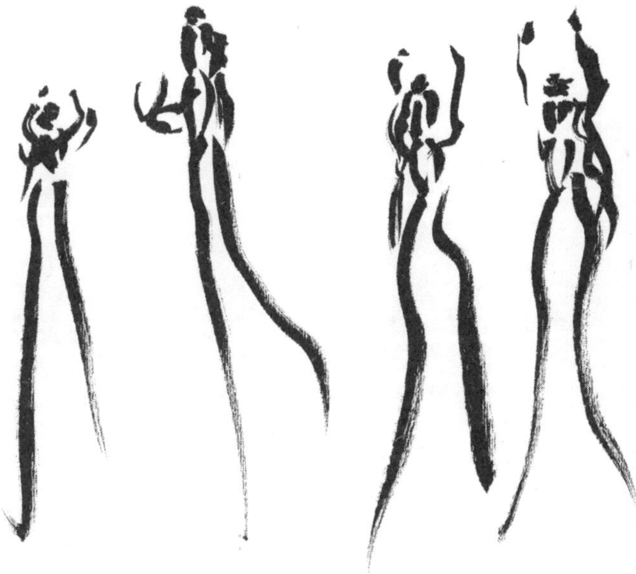

Im »Haus des duftenden Jasmins«.

Von Zweifeln geplagt fiel der Junge, der den Diebstahl begehen wollte, in tiefen Schlaf. Am nächsten Morgen wusste er nicht, ob er glücklich oder enttäuscht sein sollte. Trotzdem wollte er zum ersten Mal in seinem Leben an einer Morgenandacht teilnehmen. Und zum ersten Mal, seitdem er seine Eltern verloren hatte, musste er nicht um sein Essen Sorge tragen. Schnell passte er sich den Lebensgewohnheiten im Tempel an, und von Tag zu Tag gewöhnte er sich mehr an den Gedanken, hier ein sorgenfreies Leben führen zu können.

Eines Tages waren die Vorräte des Tempels fast aufgebraucht, und der Abt schickte die beiden Jungen zum Einkaufen in die nahe gelegene Stadt. Vom Verwalter des Tempels erhielten sie das nötige Geld und den Auftrag, in drei Tagen wieder zurück zu sein. Der Schüler des Meisters freute sich über den Auftrag, zum einen, weil er seit seiner Ankunft nicht aus der Tempelanlage herausgekommen war und nun etwas Neues zu sehen bekommen würde, zum anderen, weil er endlich einen gleichaltrigen Kameraden gefunden hatte.

Als sie auf dem Weg waren, sagte der Junge zu ihm: »Jetzt werde ich deinen Blickwinkel erweitern und dir einmal das Leben zeigen, das ich früher geführt habe. Das Dasein eines Diebes mag zwar gefährlich sein, aber es ist voller Aufregung und Vergnügen.«

Er führte den Schüler über die schroffen Felsen und durch das Dickicht der Wälder sicher bis zum Marktplatz der Stadt. Da sich bereits die Dämmerung niedergesenkt hatte, waren die Bauern aus der Umgebung schon heimgekehrt, so dass es nichts mehr zu kaufen gab. Trotzdem war der Platz noch voller Leben. Von den Imbissständen kamen die verschiedensten Gerüche, an den Tischen, die im Freien aufgestellt waren, versuchten viele Menschen, ihr Glück im Spiel zu finden, und etliche Schwarzbrenner schenkten ihre berauschenden Getränke aus. Neben dem Eingang eines besonders prächtigen Hauses verströmten viele weiße Blüten ihren betörenden Duft.

Der Junge führte den Schüler zu einem der Spieltische und wurde dort von allen Seiten willkommen geheißen. »Da bist du ja wieder, wo warst du die ganze Zeit?«, rief ein bärtiger Bursche.

»Im Tempel war ich«, lautete die Antwort.

»Dann wirst du heute sicher kein Geld auf ein Spiel setzen können.« »Doch, das hier«, antwortete der Junge selbstbewusst und wollte das Geld der Mönche auf den Tisch werfen. »Das darfst du doch nicht tun«, versuchte ihn der Schüler von seinem Vorhaben abzuhalten.

»Lass mich nur machen«, beschwichtigte ihn der Junge. Und als das Spiel zu Ende war, hatte er das Doppelte seines Einsatzes gewonnen. Triumphierend zeigte er den Gewinn seinem Kameraden. »Aber was wäre, wenn du verloren hättest?«, fragte dieser besorgt.

»Ich habe aber nicht verloren!«

»Nun können wir ja das Doppelte für die Mönche einkaufen.«

»Heute kann man nichts mehr kaufen.«

»Und was sollen wir jetzt machen?«

»Folge mir nur! Ich zeige dir etwas, das eine ganz neue Erfahrung für dich sein wird.«

Gemeinsam betraten sie das »Haus des duftenden Jasmins«. Der Schüler fühlte sich wie verzaubert: So viele schöne junge Frauen hatte er noch nie gesehen. Der Junge aber begrüßte jedes Mädchen mit Namen, stellte seinen Kameraden vor und bat: »Seid besonders nett zu ihm, er kennt sich in eurer Welt noch nicht aus.« Und dem Schüler trug er auf: »Du suchst dir jetzt auch ein Mädchen aus, und dann wollen wir uns vergnügen.«

Nach einigem Zögern entschied sich der Schüler für eine Begleiterin, und danach betraten sie gemeinsam mit den zwei jungen Frauen einen Raum, in dem bereits ein opulentes Abendessen für sie angerichtet war. Die Mädchen lasen ihnen jeden Wunsch von den Augen ab und sorgten dafür, dass sie auf die beste Art unterhalten wurden.

Im Verlauf des Abends zog sich der Junge mit seiner Begleiterin in einen anderen Raum zurück. »Ich wünsche dir eine gute Nacht«, sagte er lächelnd zu seinem Freund, der am Tisch sitzen geblieben war und nicht recht wusste, was er nun tun sollte. Das Mädchen forderte ihn auf, mitzukommen, doch er zog es vor, dieses Haus, in dem er alles, was er bisher gelernt hatte, in Gefahr gebracht sah, so schnell wie möglich zu verlassen. Während der Nacht irrte er in der Stadt umher, und viele Bilder jagten durch seinen Kopf: Er sah, wie er und sein Meister den Jungen beim Stehlen der Statuen überraschten, er sah Szenen aus seiner Jugend und aus der Zeit im Tempel, und plötzlich erblickte er das vertraute Gesicht eines wunderschönen Mädchens mit einem langen schwarzen Zopf. Er fragte sich, ob es richtig gewesen war, seinem Kameraden zu folgen, und wollte gar nicht daran denken, was dieser im Augenblick tat. Gleichwohl ärgerte er sich doch, eine so günstige Gelegenheit ausgelassen zu haben. »Noch ist es Zeit, zurückzugehen«, dachte er, doch dann besann er sich und suchte einen geschützten Platz, an dem er sich zum Schlafen niederlegte.

Am nächsten Morgen wurde er unsanft wachgerüttelt. Als er die Augen öffnete, sah er seinen Kameraden, der aufgeregt vor ihm stand.

»Wach auf«, rief dieser, »wir müssen sehen, was wir jetzt machen werden. Die Mädchen haben mir schon erzählt, dass du nicht geblieben bist. Das war dumm von dir, denn ich hatte schon für uns beide bezahlt. Und da wir nichts zurückbekommen, haben wir jetzt kein Geld mehr.«

»Was hast du nur getan!«, rief der Schüler entsetzt.

»Was ich getan habe, hast du genauso getan, zumindest fast«, gab der Junge zurück.

»Aber ohne unseren Auftrag erfüllt zu haben, können wir nicht zurückkehren.«

»Warum nicht?«

»Weil man uns Geld anvertraut hat, das wir nicht dafür ausgegeben haben, wofür es bestimmt war.«

»Wir können ja sagen, dass wir es verloren haben oder dass es uns gestohlen wurde.«

»Dann lügen wir auch noch! Und wir fügen den Mönchen überdies Schaden zu, weil wir ihnen nichts zu essen bringen!«

Der Schüler blickte seinen Kameraden böse an. Schließlich meinte dieser: »Ich habe die Lösung: Wir stehlen das, was wir kaufen sollten.«

»Jetzt willst du auch noch stehlen!«, rief der Schüler bestürzt.

»Fällt dir vielleicht etwas Besseres ein?«, fragte der Junge herausfordernd.

Der Schüler schwieg.

»Lass mich nur machen«, sagte der Junge, »ich erledige das.«

Es war die Zeit des Abendgebets, als die beiden in den Tempel zurückkehrten. Der Meister sah, dass sie ihren Auftrag rechtzeitig erledigt hatten, und sprach: »Es ist schwer, jenseits der Menschen zu leben. Aber es ist noch schwerer, mitten unter ihnen zu sein. Am schwersten jedoch ist es, auf die Vergnügungen zu verzichten, welche die menschliche Gesellschaft uns anbieten zu müssen meint.«

Die beiden Jungen schwiegen betroffen, weil sie nicht wussten, was der Meister mit seiner Rede bewirken wollte. Dann aber brachte er ihnen ihre Mahlzeit und sagte: »Ihr müsst müde sein. Esst jetzt und legt euch zur Ruhe!«

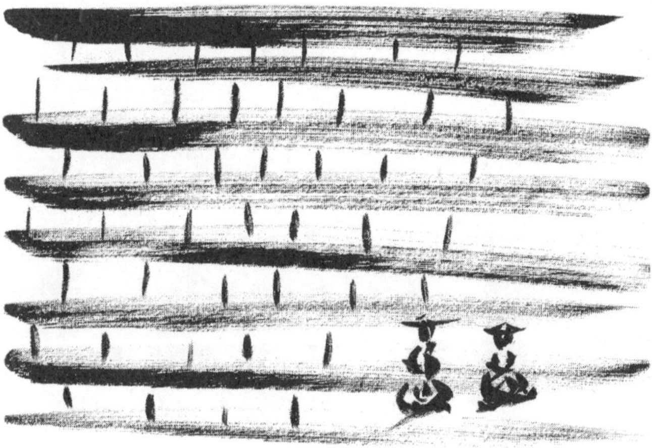

Der Weg ist in einem selbst.

In den Tagen danach wurden die beiden Jungen von einer bisher nicht gekannten Unruhe ergriffen. Sie fragten sich, ob der Meister von ihrem Vergehen wusste, und wenn nicht, ob sie ihm ihre Tat gestehen sollten.

Eines Morgens rief sie der Meister zu sich und sprach: »Niemand kann es vermeiden, ein Leben zu führen, ohne zu fehlen. Wer einen Fehler begeht, gleicht einem Wanderer, der von seinem Weg abgekommen und an einen reißenden Fluss gelangt ist, den er überqueren muss. Da sieht er eine Brücke und ist glücklich, sie entdeckt zu haben. Doch am anderen Ufer angekommen, weiß er noch immer nicht, welchen Weg er einschlagen soll, um an sein Ziel zu gelangen.« Als der Schüler und der Junge diese Worte vernahmen, fürchteten sie, bestraft zu werden, da sie dachten, der Meister meine mit seinen Worten nur sie alleine. Aber er fuhr fort: »Wenn ihr wissen wollt, welches der rechte Weg ist, dann ist es am besten, ihr beginnt damit, die Mauer um die gesamte Tempelanlage herum neu zu streichen.«

In der folgenden Zeit sah man die Jungen nur noch bei der Morgenandacht und beim Abendgebet im Tempel. Während der übrigen Stunden saßen sie vor der Mauer, die ihnen endlos zu sein schien. Dennoch versenkten sie sich in die Arbeit, die ihnen aufgetragen worden war.

Einmal kam der Meister vorbei und fragte: »Habt ihr den Fluss schon gesehen?«

Die Jungen verneinten, und der Meister ging wortlos davon.

Während der Wochen, die kamen, wurden der Schüler und der Junge eins mit dem Rhythmus ihrer Arbeit. Sie waren stolz auf das bislang Geleistete, doch das, was noch vor ihnen lag, ließ sie an ihren Kräften zweifeln.

Als der Meister wieder erschien, fragte er erneut: »Habt ihr den Fluss schon gesehen?«

»Ja«, antworteten die Jungen, und der Meister fragte weiter: »Und habt ihr auch die Brücke gefunden?«

Sie schüttelten den Kopf und schwiegen. Und wieder ging der Meister wortlos davon.

Je länger der Schüler und der Junge an der Mauer arbeiteten, umso weniger nahmen sie ihre Umgebung wahr. Sie sahen nur noch die Farbe, die sie auftrugen. Ihre Welt war weiß geworden.

Als der Meister wiederkehrte, fragte er erneut: »Habt ihr jetzt die Brücke gefunden?«

»Ja«, antworteten die Jungen, und der Meister fragte weiter: »Und habt ihr auch den Weg gefunden, den ihr einschlagen sollt?«

Die Jungen verneinten – und strichen an der Mauer weiter. Bis sie eines Tages auch die Farbe nicht mehr sahen.

Da kam der Meister wieder zu ihnen und fragte: »Habt ihr den Weg gefunden, den ihr einschlagen sollt?«

Beide nickten still.

Da sprach der Meister: »Wenn man den Weg kennt, den man gekommen ist, dann kennt man auch den Weg, den man gehen wird, und kann die Brücke überschreiten.«

»Man muss den Weg, den man gekommen ist und den, den man gehen wird, nicht sehen«, sagte daraufhin der Schüler, »denn der Weg ist in einem selbst. Man braucht nicht einmal eine Brücke.«

Und der Junge fügte hinzu: »Ich sehe deutlich, woher ich gekommen bin, und ich sehe ebenso klar, wohin ich gehen werde. Aber ich will mir Zeit lassen, die Brücke zu überqueren.«

Der Meister klopfte mit seinem Stab auf den Boden und rief: »Das Werk ist getan. Von jetzt an könnt ihr zu eurer gewohnten Arbeit zurückkehren.«

Wenn man beides hat, Wissen und Weisheit,
leuchtet die Lampe,
selbst in der dunkelsten Nacht.

Seitdem der Schüler das Geheimnis der inneren Versenkung entdeckt hatte, sah er die Arbeit des Wasserschleppens nicht mehr als Mühsal an, sondern betrachtete sie als eine Gelegenheit, seinem Körper Kraft zuzuführen. Das Beten am Morgen und am Abend verlieh seiner Seele Stärke, und auch die täglichen Mahlzeiten bedeuteten ihm mehr als bloße Nahrungsaufnahme. Sie dienten ihm dazu, die Zusammenhänge des Lebens verstehen zu lernen. Er musste dabei immer an jenes Reiskorn denken, das er zu Beginn seines Weges gegessen hatte. Jeden Augenblick seines Daseins widmete er nun der Übung des Stillewerdens, und er konnte sich nicht vorstellen, jemals anders leben zu wollen.

Der andere Junge hatte sich seit seiner Rückkehr in den Tempel derart gewandelt, dass nunmehr jeder, der dort lebte, ihn all die Achtung und Zuneigung erfahren ließ, die er bislang so sehr hatte entbehren müssen. Und alle, auch der Abt, waren nun davon überzeugt, dass niemand von Natur aus schlecht sein konnte und dass keine Wasserquelle schon an ihrem Ursprung verunreinigt sei.

Eines Abends sagte der Meister nach der Abendandacht zu seinem Schüler: »Man sollte sich nie an den Ort, an dem man gerade lebt, gewöhnen, denn sonst nimmt man von ihm Besitz. Wer aber etwas besitzt, der wird Sorgen haben. Und wer Sorgen hat, kann die Weisheit nicht umarmen. Deshalb werden wir morgen früh diesen Ort verlassen.«

Der Junge war enttäuscht. Nicht nur, dass er seine neue Heimat aufzugeben hatte, er musste auch seinen neu gewonnenen Freund zurücklassen. »Der Wert einer Freundschaft zeigt sich gerade dann, wenn man sich nicht sehen kann«, sagte der Meister, als spürte er, was seinen Schüler bewegte.

»Aber es gibt hier so viele Bücher, die man alle noch studieren muss«, klagte der Junge. »Wie kann man sie ungelesen zurücklassen?«

Der Meister lächelte: »Und was ist, wenn man sie alle gelesen hat?«

»Dann hat man die Weisheit gefunden«, meinte der Schüler.

»Verwechsle nicht Weisheit mit Wissen«, mahnte der Meister. »Wissen magst du in Büchern finden, Weisheit aber nur in deinem Herzen. Wissen ohne Weisheit gleicht einer

Lampe, die man in Händen hält, aber nicht anzuzünden vermag. Weisheit ohne Wissen dagegen ist wie eine Flamme, die schnell verlischt, weil sie des nötigen Öls entbehrt. Nur wenn man beides hat, Wissen und Weisheit, leuchtet die Lampe, selbst in der dunkelsten Nacht.«

Darauf wusste der Schüler nichts zu entgegnen. Er wünschte seinem Meister nur noch eine gute Nacht, dann löschte er seine Lampe. Und er träumte, wie alle Mönche des Tempels seinen Freund, den Dieb, zu ihrem neuen Abt wählten.

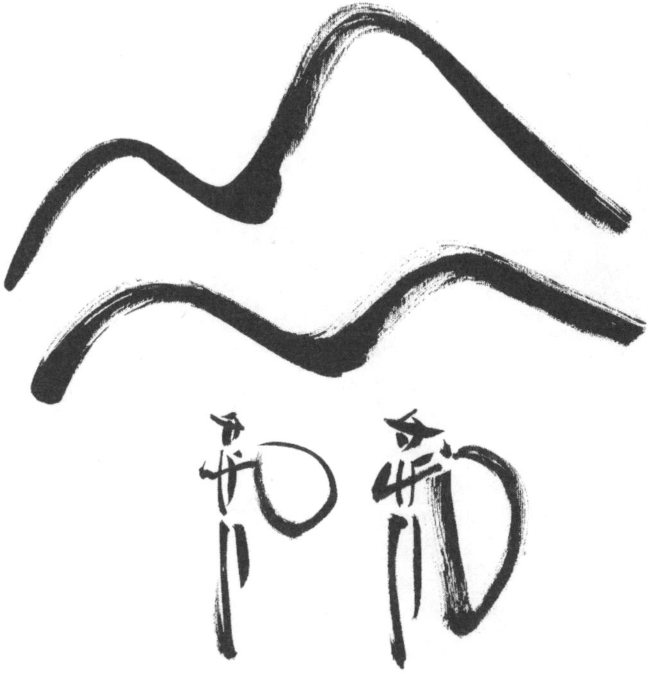

Solange du keine Angst hast,
meidet dich die Gefahr.

Noch vor Sonnenaufgang verließen der Meister und sein Schüler den Tempel und stiegen den Berg hinab. Sie gelangten an eine Kreuzung und entschlossen sich, den Weg in die Ebene zu nehmen. Nach einiger Zeit kamen sie zu einer Brücke, die sich über eine Schlucht spannte und deren Bohlen von Wind und Regen stark verrottet waren. Der Junge blieb ängstlich stehen und blickte hilfesuchend nach dem Meister.

»Wie sollen wir das schaffen?«, wollte er wissen.

»Wem vertraust du mehr, der Brücke oder dir?«, fragte der Meister.

»Ich weiß es nicht«, antwortete der Junge.

»Würdest du es wagen hinüberzugehen, wenn die Balken nicht so verfallen aussähen?«

»Ganz gewiss.«

»Aber wer sagt dir, dass du heil hinüberkommst?«

Der Junge antwortete nicht, und der Meister fuhr fort: »Wenn du dich fürchtest, kannst du weder der Brücke noch dir selbst vertrauen.

Deshalb erinnere dich: Solange du keine Angst hast, meidet dich die Gefahr.«

Nachdem sie die Schlucht überquert hatten, führte sie ihr Weg zu einem Marktplatz, welcher der einzige in der gesamten Umgebung war. Hier strömten die Bewohner aller umliegenden Dörfer zusammen; die einen, um ihre Waren feilzubieten, die anderen, um sie zu erwerben, um Neuigkeiten auszutauschen und Freunde und Bekannte zu treffen. Straßenmusikanten gaben ihre Lieder zum besten, und Gaukler verblüfften mit ihren Kunststücken. Es herrschte ein wirres Durcheinander an Menschen, Tieren, Farben, Gerüchen und Geräuschen. Inmitten dieses Gewühls fiel eine Gestalt auf, deren schwarzes Haar zu einem langen Zopf geflochten war. Auf dem Tuch, mit dem sie den aufgeweichten Lehmboden bedeckt hatte, lagen Aprikosen, Pfirsiche, Pflaumen, Mandeln und frisches Gemüse zum Verkauf ausgebreitet. Als der Junge das Mädchen sah, konnte er nicht verhindern, dass jenes sonderbare Gefühl abermals von ihm Besitz ergriff, das ihn damals schon berührt hatte, als er sie zum ersten Mal sah. Ohne auf den Meister zu achten, lief er zu dem Mädchen hin. Ihre Begegnung glich dem Wiedererkennen zweier Seelen, die sich ihrer ursprünglichen Einheit dunkel erinnerten.

»Bist du schon ein Meister?«, fragte das Mädchen, als sie den Jungen sah.

In diesem Augenblick trat der Meister hinzu und sagte: »Es kann nur derjenige Meister werden, der dem Weg des Lichtes folgt. Es ist nicht leicht, ihn zu beschreiten. Man kann auf ihm die Liebe finden, aber das ist noch nicht genug. Man kann auf ihm den Glauben finden, aber auch das ist noch nicht genug. Und man kann auf ihm die Befreiung finden.«

»Aber die Liebe macht doch glücklich«, meinte das Mädchen.

»Das Glück kann dich zum Sklaven machen, denn es wird der Tag kommen, da es dich verlässt. Und dann sehnst du dich nach ihm, findest es nicht und erstickst in deinem Kummer. Glücklich sein kannst du nur, wenn du auf das Glück verzichtest.«

Daraufhin wandte sich der Meister um und ging davon.

Die Dunkelheit war fast schon hereingebrochen, als der Junge den Meister auf dem Weg zum Licht eingeholt hatte.

Je öfter du deine Schale füllst,
umso hungriger wirst du sein.

Auf ihrem Weg hatten sie verdorrtes Ackerland, versengten Wüstenboden, schneebedeckte Gipfel, ausgetrocknete Flussläufe, überschwemmte Ebenen und verbrannten Wald gesehen. Sie waren aber auch an Bergquellen, Schilfmeeren, Sommerfeldern und Tauwiesen vorübergekommen.

Der Schüler hatte sich daran gewöhnt, höchstens einmal am Tag Nahrung zu sich zu nehmen, die Nächte im Schutz von Bäumen oder Höhlen zu verbringen, kein Zuhause mehr zu kennen und sich trotz zerschlissener Kleidung warm zu halten. Auf seiner Suche nach dem Schatz des Lebens dachte er manches Mal, ihn bereits bei der Begegnung mit dem Mädchen gefunden zu haben, aber dann entsann er sich wieder der Worte, die der Meister vor langer Zeit geäußert hatte: »Das Wasser der Quelle sehnt sich danach, mit dem Meer eins zu werden. Bis jedoch dieser Wunsch erfüllt ist, muss man alle Schmerzen des Körpers, alles Leid der Seele und alle Qualen des Geistes erduldet haben.«

Gegen Mittag erreichten die beiden Wanderer ein Dorf in einer Gegend, in der alles im Überfluss zu gedeihen schien. Es war warm, und der Schnee hatte sich schon lange zurückgezogen. Vor einigen Hütten wurde gerade das Essen zubereitet. Der Meister und sein Schüler kamen an eine Feuerstelle, an der sie eingeladen wurden, gemeinsam mit der Familie die Mahlzeit einzunehmen. Seit der Junge von seinem Dorf weggegangen war, hatte ihm niemand mehr solche Köstlichkeiten angeboten. Er ließ sich neben dem Meister nieder und starrte auf die Speisen. Irgendetwas hinderte ihn, davon zu kosten. Der Meister, der seine Verwirrung bemerkte, sagte: »Ich weiß, dass du jetzt an dein Dorf und an deine Familie denkst. Du bist traurig, weil dich diese Mahlzeit und die Menschen hier an die Vergangenheit erinnern. Doch solange du dich ihrer entsinnst, ist sie lebendig und nicht vergangen. Du hast also dein Zuhause gar nicht verlassen. Das, was vorbei ist, gleicht einem Funken, den du entweder auslöschen oder zu einer gewaltigen Flamme auflodern lassen kannst. Und jetzt iss!«

Als der Meister sah, dass der Junge das Essen nun gierig in sich hineinschlang, mahnte er ihn: »Je öfter du deine Schale füllst, umso hungriger wirst du sein. Erst wenn du sie nur mit Mühe leeren kannst, hast du das rechte Maß gefunden.

Die Erde schenkt uns alles, was wir brauchen. Weshalb wollen wir immer noch mehr?«

Diese Worte verstimmten den Gastgeber derart, dass er aufstand und unwillig rief: »Wir bieten euch das Beste, was wir haben, und ihr würdigt es nicht. Ihr neidet uns wohl unseren Reichtum! Wir arbeiten schwer für unseren Wohlstand, ihr aber wandert nur herum und erwartet, dass man eure Bettelei auch noch gutheißt.«

Der Meister lächelte, doch bevor er antworten konnte, hatte schon sein Schüler das Wort ergriffen und sagte: »Bitte verzeiht und haltet uns nicht für undankbar! Wir danken euch und wir danken der Erde, dass sie uns so reich beschenkt hat. Es gibt Menschen, die schwer arbeiten, um reich zu werden; es gibt auch Menschen, die arbeiten, um glücklich zu werden; und es gibt Menschen, die arbeiten, um frei zu werden. Jeder strebt auf ein Ziel hin. Aber ist er wirklich zufrieden, wenn er es erreicht hat? Nein, denn danach strebt er einem neuen Ziel zu: Der Reiche will noch reicher werden, der Glückliche noch glücklicher, und selbst der Freie sehnt sich nach noch größerer Freiheit. Wenn man jedoch gelernt hat, dass das Gesetz der Erde darin besteht, für andere dazusein, dann weiß man, dass wir alle der Hilfe bedürfen, ganz gleich, ob wir reich oder arm, alt oder jung, schön oder hässlich, stark oder schwach sind. Wenn uns nicht geholfen wird, sind wir nicht fähig zu leben, genauso wenig wie wir nur dann richtig leben, wenn wir anderen helfen.«

Sodann machte er sich mit dem Meister zum Aufbruch bereit. Als sie sich von der Familie verabschiedeten, lud sie der Hausvater ein:

»Wenn euch euer Weg wieder hierher führt, versäumt nicht, bei uns Rast zu machen!«

Nachdem sie eine Weile schweigend nebeneinander hergezogen waren, sagte der Meister zu seinem Schüler: »Bald wird die Zeit kommen, da du meiner nicht mehr bedarfst.«

Ich werde die Sonne deines Lächelns und
die Tränen deiner Trauer sein.

Es regnete seit Tagen. Ihre Schuhe waren völlig aufgeweicht, und das Wasser tropfte von ihren Umhängen. Ließ der Regen nach, schien für kurze Zeit die Sonne, aber so unerträglich heiß, dass man sich wieder nach dem Regen sehnte. Auf dieser Höhe gab es keine Möglichkeit, sich vor den Naturgewalten zu schützen. Der Meister und sein Schüler konnten nicht anders, als dem Weg zu folgen, den sie eingeschlagen hatten. Der Felspfad war so glitschig, dass sie jeden Schritt behutsam setzen mussten, um nicht auszugleiten und in die Tiefe zu stürzen.

Als der Regen unvermittelt aufhörte, blieb der Meister stehen. Er blickte den Jungen an und sprach: »Mein Kind, von jetzt an wirst du deinen Weg alleine gehen. Aber auch wenn du mich bald nicht mehr sehen wirst, werde ich dennoch immer bei dir sein. Ich werde über dich wachen, wenn du schlaflos liegst in der Nacht, und ich werde in deine Träume treten, wenn du dich dem Schlummer hingegeben hast. Ich werde dir beistehen, wenn du in Gefahr bist, und ich werde deine Freude teilen, wenn du anderen die Hilfe geschenkt hast, derer sie bedurften. Und ich werde bei dir sein, wenn du nicht weißt, wohin du gehen sollst, auch wenn das Ziel, das du erreichen willst, ganz nahe vor dir liegt. Ich werde die Sonne deines Lächelns und die Tränen deiner Trauer sein, die du in Kraft verwandeln wirst. Diese aber wird dir beistehen, den Schatz des Lebens zu finden. Und wenn du ihn gehoben hast, wird sie dir helfen, ihn weiterzureichen. Und nun wisse: Es gibt nichts, das kommt, es gibt nichts, das geht. Alles ist immer da, Anfang und Ende sind eins. Der Große Kreis dreht sich von selbst. Nichts hat ihn in Schwung gebracht, niemals wird er stehen bleiben. Alles ist im Großen Kreis, alles wird im Großen Kreis. Bewegung ist Leben, Bewegung ist Tod. Leben ist Leid, Tod ist Leid. Leid ist Kummer und Schmerz. Kummer und Schmerz verbergen die Weisheit. Weisheit ist Befreiung von der Leidenschaft. Die Befreiung von der Leidenschaft ist das Finden des Maßes. Das Maß ist rechte Freude. Die rechte Freude ist rechtes Schenken. Das rechte Schenken ist rechtes Verstehen. Das rechte Verstehen erwacht in den Armen der Zeit.«

Der Regen setzte wieder ein und wurde so stark, dass der Junge den Meister kaum mehr wahrnehmen konnte. Dennoch hörte er deutlich dessen Worte: »Sei nicht traurig, denn die Sonne, die am Horizont untergeht, wird am Horizont wieder neu geboren werden. Und der See, der inmitten der Berge liegt, wird von diesem Geschehen künden.«

Der Schüler sah, wie sich die Gestalt des Meisters umwandte und hinter den dichten Regenwänden immer mehr seinen Blicken entschwand. In diesem Augenblick löste sich ein gewaltiger Felsbrocken vom Gipfel des Berges und stürzte zu Tal. Weiteres Gestein brach ab, raste in die Tiefe und zermalmte alles, was auf seiner Bahn lag. Der ganze Berg setzte sich in Bewegung, begleitet von einem Grollen, das sich mit dem Donnern der herabstürzenden Felsen vereinte und zu einem wütenden Toben steigerte. Finsternis breitete sich aus, und die Verwüstung triumphierte über das Leben.

Die Schäfer im Tal, welche die entfesselte Gewalt der Natur aus der Ferne miterlebt hatten, trieben die Schafe in die Ställe und eilten mit ihren Hunden, so schnell sie konnten, zur Unglücksstelle. Sie kletterten über Gesteinsmassen und zersplitterte Baumstämme, um nach Verschütteten zu suchen. Als einer der Hunde anschlug und zu graben begann, fanden sie den Jungen. Mit aller Kraft räumten sie Felsen und Steine beiseite und zogen ihn aus dem Geröll.

»Den kenne ich doch«, rief ein Schäfer, »aber er war mit Sicherheit nicht allein. Schon seit Jahren zieht er mit seinem Meister durch das Land. Einmal habe ich sogar mit den beiden meine Mahlzeit geteilt. Kommt schnell, wir müssen auch den Alten finden!«

Vorsichtig trugen sie den Jungen zu einer Wiese und legten ihn nieder. Derjenige, der ihn wiedererkannt hatte, blieb bei ihm, während die anderen zurückliefen, um nach dem Meister zu suchen.

Später brachte man den Jungen in einen der Ställe und bettete ihn auf Stroh. Als man feststellte, dass er keinerlei Verletzungen erlitten hatte, legte man Decken über ihn und ließ ihn schlafen.

Als er nach drei Tagen und drei Nächten endlich aufwachte, fragte er den Mann, der bei ihm geblieben war: »Wo sind deine Schafe?«

»Sie schlafen«, antwortete der Schäfer.

»Und wo ist mein Meister?«

Der Mann schwieg.

Nach einer Weile sagte er: »Ich glaube, auch er schläft.«

»Weißt du, wo er schläft?«, fragte der Junge.

»Ich weiß es nicht«, erwiderte der Schäfer.

»Wir haben tagelang nach ihm gesucht, aber wir fanden nur diesen Stock.«

Die nächsten Tage und Nächte verbrachte der Junge im Gebet. Er weigerte sich zu essen, zu trinken und zu schlafen. Unentwegt dachte er an seinen Meister und wiederholte alle Gebete und Gesänge, die er im Tempel gelernt hatte. Danach fiel er abermals in einen endlos tiefen Schlaf, und während dieser Zeit erholte sich sein Körper.

Der Schäfer stand mit seinem Pferd auf einer Anhöhe, als er sah, wie der junge Mann durch das Tal schritt. Das einzige, was er mit sich trug, war ein Stock aus Sandelholz.

Wer wird ihn jetzt führen?

Am frühen Abend erreichte er den Dorfplatz. Er ging am Brunnen vorüber und stieg die steinerne Treppe des Tempels hinauf. Dann betrat er die Andachtshalle, kniete nieder und betete. Nach einer Weile der Sammlung spürte er plötzlich, dass eine Gestalt hinter ihn getreten war. Einen Augenblick lang hoffte er, es würde sein Meister sein. Doch er wagte nicht, sich umzudrehen, denn gleichzeitig fürchtete er eine Enttäuschung.

»Man hat mir gesagt, dass hier ein junger Mann, der einen Stock mit sich führt, beten würde«, hörte er eine Stimme hinter sich flüstern. »Nun bin ich gekommen, um nachzusehen, ob dies mein Sohn ist, der vor langer Zeit das Haus seines Vaters verließ, um mit seinem Meister den Weg der Weisheit zu beschreiten.«

Er wandte sich um und blickte in die Augen seiner Mutter.

Während sie gemessenen Schritts nach Hause gingen, erzählte sie: »Dein Bruder hat die Tochter des Schusters geheiratet, und sie haben zwei Mädchen bekommen. Obwohl er gerne einen Enkelsohn hätte, ist dein Vater nicht enttäuscht, denn er hofft, dass die beiden später einmal nicht so weit von zu Hause weggehen werden.«

Aufgrund dieser Worte kamen dem Jungen zum ersten Mal Zweifel, ob er seinen Verpflichtungen als Sohn nachgekommen war.

»Alle unsere Dienstboten sind noch bei uns«, fuhr die Mutter fort, »und wir haben mehr Tiere als je zuvor. Die Männer werden kaum noch mit der Arbeit fertig.«

Noch bevor sie das Haus betraten, wurden sie von den beiden Mädchen gesehen, die aufgeregt riefen: »Großmutter hat einen fremden Mann am Arm.« Sofort lief sein Bruder herbei, und einen Augenblick lang standen sich die beiden wortlos gegenüber. Dann umarmten sie sich, und an der Seite seines Bruders betrat der Junge nach langen Jahren wieder sein Elternhaus.

Später, als man sich um den Esstisch versammelt hatte, wollte jeder dem Heimgekehrten die besten Speisen vorlegen und ihn mit besonderen Worten willkommen heißen. Die Tochter des Schusters sagte: »Ich hoffe, dass du von nun an bei uns bleibst. Sieh dir doch deinen Bruder an: Seitdem er verheiratet ist und Kinder hat, ist er vollkommen glücklich. Kinder sind der Schatz des Lebens. Du solltest auch eine Frau finden und sesshaft werden. Schau nur, wie dünn du bist und wie deine Schuhe aussehen! Ich werde dir neue nähen.«

Eine Magd brachte weitere Köstlichkeiten herein. Der Duft des Essens erinnerte den jungen Mann an frühere Zeiten. Er sah sich als Kind an diesem Tisch sitzen, und er stellte fest, dass die Plätze seiner Großeltern jetzt von seinen Eltern eingenommen wurden.

»Ich bin glücklich, dass heute die Familie wieder vereint ist«, sagte die Mutter. »Ich bin glücklich, weil der eine meiner Söhne dafür gesorgt hat, dass unsere Familie weiterlebt, und der andere für uns nach der Weisheit sucht. Sein Vater hat viele Bücher gelesen, doch er konnte die Weisheit nicht darin finden. Jetzt hoffen wir, dass es unserem Sohn gelingen wird. Deshalb werden wir auch nicht traurig sein, wenn er uns morgen wieder verlässt, um seinem Weg zu folgen.«

Daraufhin sprach der Vater: »Wir achten deinen Entschluss, ein Leben zu führen, das nicht der Tradition unserer Familie entspricht. Ich bin glücklich, dass ich dich noch einmal sehen konnte, und ich weiß, dass du uns keine Schande bereiten wirst.«

»Er hat berichtet«, sagte nun sein Bruder, »dass er keinen Meister mehr hat. Soll er also wirklich wieder von zu Hause weggehen? Und wer wird ihn jetzt führen?«

Der nächste Morgen kam ungern.

Die Nachricht von der Rückkehr des Jungen hatte alle Häuser des Dorfes erreicht. Viele Bewohner stellten sich vor seinem Elternhaus auf, in der Hoffnung, ihn zu Gesicht zu bekommen. Als dies einer seiner ehemaligen Kameraden sah, entschloss er sich, seinen Freund ohne Umwege zu begrüßen, und schlich sich an der Menge vorbei, um das Haus vom Hintereingang her zu betreten. Er geriet mitten in die Familienrunde, und nach der Begrüßung kündigte er an: »Ich habe Nachtisch mitgebracht! Frisches Gebäck aus meinem eigenen Geschäft. Morgen musst du mich unbedingt besuchen! Mein Laden ist der beste im ganzen Dorf. Und mein Sohn ist der Beste in der ganzen Schule, ihn nennt keiner ›Strohkopf‹!«

Die Familie lud ihn ein zu bleiben. Nun berichtete er seinem Kameraden, was sich alles in der Zwischenzeit ereignet hatte und was aus ihren gemeinsamen Freunden geworden war. Er erzählte auch von dem Mann mit den Mulis, der aus dem Dorf weggezogen war und nunmehr große Reichtümer sein eigen nannte. Man argwöhne aber, dass er seine Besitztümer nicht durch rechtmäßige Arbeit erworben habe.

Die beiden sprachen noch lange miteinander, und als sich der Besucher verabschieden musste, fragte er: »Ist man wirklich nur dann ohne Sorgen, wenn man alles aufgegeben hat?«

Mittlerweile war es spät geworden. Die Neugierigen vor dem Haus zogen sich unverrichteter Dinge zurück. Die beiden Mädchen und ihre Eltern legten sich schlafen. Aber drei Menschen im Haus blieben die ganze Nacht wach.

Der nächste Morgen kam ungern. Die Familie hatte sich vor dem Haus versammelt, und alle schwiegen. Selbst die Hunde bellten nicht.

Er wusste jetzt,
wohin sein Weg ihn führen würde.

Mit vielen neuen Stoffschuhen im Gepäck schritt der junge Mann voran. Er wollte den Weg des Meisters weitergehen und den Menschen den Schatz des Lebens schenken. Aber wo sollte er ihn finden? War er dazu überhaupt imstande, jetzt, so ganz allein?

Mehr und mehr quälten ihn Zweifel. Sollte er wieder in die Berge, oder war es besser, im Tal zu bleiben? Sollte er sich anderen Wanderern anschließen oder wieder in einen Tempel gehen? War es wirklich richtig gewesen, dass er seine Familie und seine Freunde verlassen hatte? Könnte er sich im Dorf nicht viel nützlicher machen als auf der Landstraße?

Je mehr er über seine Zukunft nachdachte, umso schwächer wurde er. Als es Abend wurde, fühlte er sich so krank, dass er am Wegrand zusammenbrach. Er war nicht mehr in der Lage, weiterzugehen und sich einen Platz zum Schlafen zu suchen. Hitze und Kälte quälten seinen Körper, und er zitterte wie ein junger Baum, der von einem heftigen Sturm hin- und hergeworfen wird. Schließlich fiel er in einen schweren Schlaf ...

Er sah, wie ein schönes Mädchen von ferne auf ihn zukam. Sie winkte ihm, und er lief ihr sogleich entgegen. Als er ganz nahe bei ihr war, verschwand sie plötzlich. Doch kurz danach sah er sie zum Fluss laufen; und wieder winkte sie ihm. Er eilte ihr nach, so schnell er konnte, doch er vermochte nicht, sie einzuholen. Als sie am Ufer angekommen war, legte sie ihre Kleider ab und sprang voller Übermut in die Fluten. Der junge Mann sprang ebenfalls in den Fluss und schwamm ihr nach. Fast hatte er sie erreicht und wollte sie schon an ihrem Zopf packen, da tauchte sie unter und schwamm davon. Und wieder folgte er ihr. Nun wurde der Fluss immer tiefer und reißender. Plötzlich war das Mädchen nicht mehr zu sehen, und ein gewaltiger Strudel ergriff seinen Körper. Verzweifelt suchte er sich zu befreien und bekam endlich einen Ast zu fassen, an dem er sich ans Ufer ziehen konnte ...

Der junge Mann erwachte. Seine Hand hielt den Stab des Meisters so krampfhaft fest, als wollte er ihn nie wieder loslassen.

Es war Morgen geworden. Er fühlte sich nun voller Kraft und schritt unbeirrt davon. Er wusste jetzt, wohin sein Weg ihn führen würde.

Mein Messer kennt keine Geduld.

Die Taten, die den Jahren seiner Ausbildung folgten, hatten den jungen Mann so bekannt werden lassen, dass ihm sein Ruf bereits vorauseilte. Wo immer er eintraf, wurde er freundlichst zum Bleiben eingeladen, weil die Gastgeber an seinem Wissen teilhaben wollten. Doch nirgendwo verweilte er lange.

Eines Tages kam er in ein Dorf, das sehr verwahrlost aussah. Nur ein einziges Haus wirkte gepflegt und ließ auf einen wohlhabenden Besitzer schließen. Der junge Mann wunderte sich darüber, und als er vorübergehen wollte, lief ein Diener aus dem Gebäude und bat ihn im Namen seines Herrn einzutreten. Er folgte der Aufforderung und wartete im Empfangsraum auf den Besitzer des Anwesens.

»Hab' ich doch gewusst, dass du es bist«, hörte er plötzlich eine Stimme hinter sich. »Man erzählt sich viel von dir, seit du das Dorf verlassen hast.«

Der junge Mann drehte sich um und sah den Maultiertreiber aus dem Dorf seiner Kindheit vor sich. Der Mann wirkte sehr gealtert und hatte nur noch ein Bein.

»Mir fehlt zwar ein Bein«, dröhnte er, »aber sieh nur, was ich sonst so alles habe: ein riesiges Haus, viele Diener, eine ganze Menge Nebenfrauen, goldenes Geschirr, seidene Gewänder und einen Stall voller Pferde.«

Der Mann beauftragte den Diener, für das Mittagessen zu sorgen. Dann führte er seinen Gast in einen verborgenen Raum, der mit Kisten und Waffen angefüllt war. Und er begann zu sprechen: »Ich biete dir jetzt die Chance deines Lebens. Seitdem ich ein Bein verloren habe, suche ich jemanden, der als mein Partner meine Geschäfte übernimmt. Als ich von deinem Werdegang hörte, war mir klar, dass du der Richtige sein könntest. Erstens bist du noch jung genug, zweitens bist du stark genug, und drittens bist du fast so etwas wie ein heiliger Mann.«

Der junge Mann wollte den Maultiertreiber unterbrechen, doch der gab ihm keine Gelegenheit dazu und fuhr fort: »Ich habe – wie du siehst – einen Weg gefunden, wie man schnell reich werden kann. Aber zuerst will ich dir erzählen, wie es kam, dass ich mein Bein verlor: Seit Jahren schon bringe ich verbotene Ware über die Grenze. Vor einigen Monaten zog ich in einer stürmischen Nacht mit meinem voll bepackten Maulesel einen steilen Saumpfad entlang. Plötzlich rutschte das Tier hinter mir aus und fiel den Hang hinab. Aber da ich die Zügel in der Hand hielt und es festhalten wollte, riss es mich mit in die Tiefe. Wir schlugen gleichzeitig unten auf, aber das Maultier fiel auf mein Bein. Das Tier war tot, doch ich blieb am Leben. Es dauerte zwei Tage, bis man mich fand und zu einem Arzt brachte. Der konnte jedoch mein Bein nicht mehr retten.«

Der Mann berührte das ihm verbliebene Bein und sagte: »Es ist nicht so arg für mich, mit nur einem Bein leben zu müssen, wenn ich daran denke, was mir meine Arbeit bisher eingebracht hat: Geld, sehr viel Geld. Und heute erscheint mir mein Los nicht mehr so schlimm wie früher, denn ich kann meinem Sohn nun etwas anderes vererben als Armut.«

»Warum machst du nicht deinen Sohn zu deinem Nachfolger?«, fragte der junge Mann.

»Mein Sohn ist einer der Grenzwächter geworden, und es war schon immer schwer genug für ihn, mich nicht anzuzeigen. Und glaube nicht, dass ich meinen Dienstboten trauen könnte! Was meinst du, warum wir uns hier in diesem verborgenen Raum aufhalten? Nimm auch ja nicht an, dass mich eine meiner Frauen wirklich lieben würde. Die warten alle nur darauf, dass ich bald sterbe und ihnen viel Geld hinterlasse. Du bist der einzige, dem ich trauen kann. Darum bitte ich dich, mein Angebot anzunehmen. Lass mich nicht im Stich!«

Der Schmuggler wartete auf eine Reaktion des jungen Mannes. Da er aber keine wahrnehmen konnte, versuchte er es erneut: »Denke nur an den Gewinn, den du machen kannst! Ich biete dir sogar mehr als die Hälfte; damit kannst du dir alles kaufen, was du haben willst.«

Als der junge Mann nach wie vor keine Zustimmung erkennen ließ, zückte der Reiche plötzlich einen Dolch und bedrohte ihn. Dann rief er zornig: »Jetzt weißt du schon zu viel. Entweder du machst mit oder ich bringe dich um!«

Wieder machte der junge Mann keine Anstalten zu reagieren, was den Schmuggler noch mehr in Wut versetzte. Er schrie: »Sag endlich etwas, mein Messer kennt keine Geduld!«

Da erhob sich der junge Mann, blickte den Schmuggler durchdringend an und sprach: »Jedes Geschehen hat seine Zeit. Jede Zeit hat ihr Maß. Wenn du schneller als beide sein möchtest, wird dir niemand helfen können.«

Da erkannte der Maultiertreiber, mit wem er gesprochen hatte, und er fragte voll Ehrfurcht: »Erlaubst du, dass ich dich ›Meister‹ nenne?«

In diesem Augenblick klopfte es an der Tür, und der Diener rief: »Das Essen ist fertig.« Und er hörte den Gast »danke« sagen.

»In Trauer.«

Wieder war es Herbst geworden. Der junge Mann erreichte auf seiner Wanderung ein Dorf, in dem die große Ernte gerade stattgefunden hatte. Er ging durch die Obstgärten, und mit einem Mal erinnerte er sich, wie sein Meister und er an diesem Ort vor langer Zeit freundlich willkommen geheißen worden waren. Damals war es Frühling gewesen, nun aber bereitete sich alles auf den langen Schlaf der Natur vor.

Auf seinem Wege nahm er vor einem ärmlich wirkenden Haus ein reges Kommen und Gehen wahr. Er trat näher und sah, wie einige Leute an der verfallenen Tür ein weißes Schild befestigten, auf dem mit schwarzer Tusche die Worte »In Trauer« geschrieben standen. Und plötzlich erkannte er das Haus wieder. Er bahnte sich einen Weg durch die Menge und trat ein. Drinnen kniete in tiefer Trauer vor der Bahre des Großvaters das Mädchen, dessen Anblick ihn damals so tief berührt hatte.

Die Leute, die im Hause waren, weinten ohne Unterlass. Da trat der junge Mann auf sie zu und sprach: »Seid ohne Sorge und trocknet eure Tränen! Er ist nicht tot. Er ist nur in die Arme der Natur zurückgekehrt, wo er sich ausruht, um erneut wiederzukommen. Wer seinen Körper verlässt, braucht sieben mal sieben Tage, um seine neue Bestimmung zu finden. Dies gelingt ihm aber nur, wenn ihm seine Angehörigen, Freunde und Verwandten durch ihre Gebete dabei helfen.«

Es wurde still. Man vernahm nur die leise gesungenen Worte, welche die Wiederkehr beschworen. Schließlich holte das Mädchen Kerzen und Räucherstäbchen und entzündete sie. Abermals kniete sie vor dem Großvater nieder und blickte den jungen Mann erwartungsvoll an.

»Sind wir beide jetzt ganz allein?«, fragte sie. Und er antwortete: »Jeder Mensch ist allein. In den Zeiten, in denen wir nicht allein sind, erkennen wir den Wert des Zusammenseins nicht. Das Kind erkennt nicht den Wert seiner Eltern und auch nicht den Wert seiner Geschwister und Verwandten. Der Mann erkennt nicht den Wert seiner Frau, der Freund nicht den seines Freundes. Der Gesunde weiß nichts vom Wert der Gesundheit, und der Lebende schätzt nicht den Wert des Lebens. Die Toten aber lassen uns erkennen, wie wertvoll alles Leben ist. Deswegen ist der Tod ein unermesslich großer Schatz.«

Das Mädchen hob den Kopf, blickte den jungen Mann voller Hoffnung an und ergriff seine Hand.

An einem der nächsten Tage bestimmten sie einen kleinen Hügel in der Nähe des Hauses als Grabstätte für den Großvater. Am Fuße des Hügels pflanzten sie gemeinsam einen Gingkobaum. Von der Ferne schien es, als würden seine Äste den Himmel berühren.

»Ich kann dich nicht allein lassen«, sagte der junge Mann eines Abends, als das Mädchen neue Kerzen in die Leuchter steckte und die Stäbchen in der Räucherschale austauschte. »Ich möchte bei dir bleiben und für dich sorgen.«

Das Mädchen schüttelte traurig den Kopf und sagte: »Das wird nicht möglich sein, denn du darfst den Weg, den du bisher gegangen bist, nicht abbrechen, auch wenn du voller Leidenschaft bist. Mein Großvater sagte einmal: ›Die Leidenschaft gleicht dem Wein. Je mehr man davon trinkt, desto berauschter wird man. Doch wenn man aus dem Rausch erwacht, ist der Traum verflogen. Und die Freundschaft? Sie gleicht dem Wasser. Zunächst meint man, es würde nie besonders munden, doch mit der Zeit lernt man seinen Wohlgeschmack schätzen.‹«

Sie hielt einen Augenblick inne. Dann setzte sie ihre Rede fort und bekräftigte ihre Ansicht: »Wir können nicht zusammenbleiben, denn ich möchte dir weder meine Leidenschaft noch meine Freundschaft schenken, sondern meine Liebe. Und lieben heißt, dem Geliebten sein Leben zu ermöglichen und ihn nicht an sich zu ketten. Deshalb musst du weiterziehen. Nur dann wirst du das finden, was du suchst.«

An dem Tag, an dem der Körper des Großvaters verbrannt wurde und seine Seele ihrer Bestimmung zueilte, brachte das Mädchen dem jungen Mann den Stab seines Meisters und sagte: »Die Zeit zu gehen ist gekommen.« Und sie schenkte ihm ein Gingkoblatt. Dann führte sie ihn dorthin, wo die Straße begann und sprach: »Geh jetzt! Gehe deinen Weg! Auch wenn wir getrennt sind, werden wir gemeinsam wachsen. Und wir werden uns wiederfinden, wenn der Tau des neuen Tages unsere Seelen benetzt und wir erneut Gestalt annehmen, um eins zu sein im Großen Kreis.«

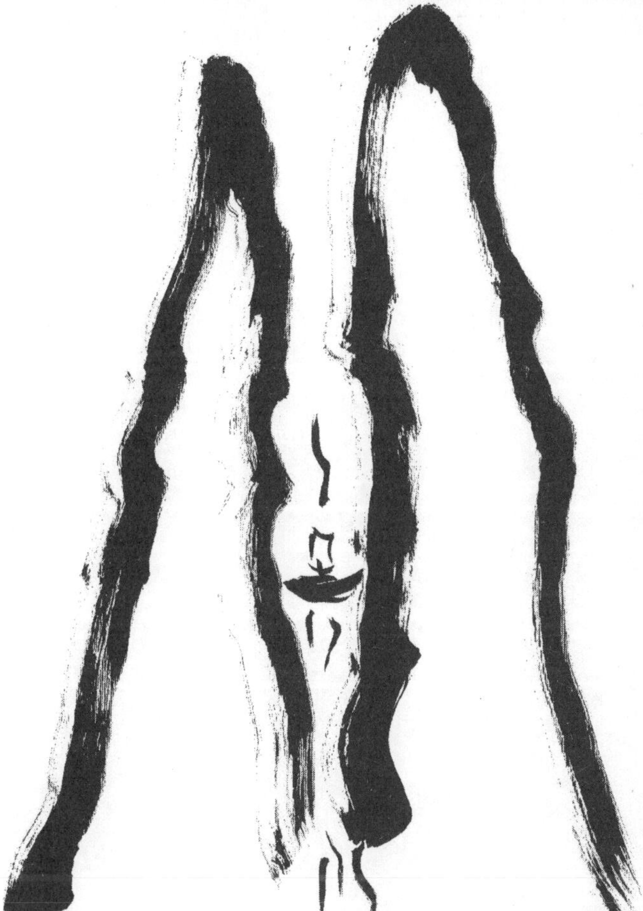

Der große Strom
sollte ihn nach Süden führen.

Der große Strom sollte ihn nach Süden führen. Sein Segel gehorchte den Befehlen des Windes, und der Kiel des Bootes zeichnete eine gerade Linie in das still dahinfließende Wasser. Er fuhr an Häusern vorüber, die auf Pfählen standen und vor denen Frauen die Wäsche im Fluss wuschen, während sich ihre Kinder in den seichten Uferwellen vergnügten. Er kam an Feldern vorbei, auf denen die Bauern Reispflanzen setzten, und an schwimmenden Märkten, die Obst und Gemüse, Fisch, Fleisch und Gewürze anboten. Bei einigen konnte man sogar Kleidung, Haushaltswaren und Spielsachen kaufen. Dann glitt das Boot an großen Fischreusen vorüber und erreichte schließlich gefürchtete Stromschnellen.

Die Landschaft hatte sich schlagartig verändert. Der Strom war eng geworden, spitze Felsen ragten aus dem Wasser, und es entstanden heftige Wirbel, so dass jeder, der versuchte, daran vorbeizukommen, sich glücklich schätzte, wenn es ihm gelungen war. An die Stelle des flachen Ufers traten nun steile Felswände, die so hoch aufragten, dass der Himmel nur noch durch einen schmalen Spalt zu sehen war.

Plötzlich erfasste ein gewaltiger Strudel sein Boot und schleuderte es wie ein Blatt hin und her. Doch je mehr er dagegen ankämpfte, desto weniger gehorchte ihm das Ruder, und das Boot legte sich so bedenklich zur Seite, dass der Mast beinahe auf einem Felsen aufschlug.

Mit einem Mal war die Gefahr vorüber: Der Fluss war ruhig geworden und bot dem Reisenden erneut seine sanfte Kraft an. Und so konnte er bald am Ufer anlegen.

Aufgebrochen war er, weil ihn eine Einladung des Großen Kaisers erreicht hatte. Er sollte zu ihm in die Stadt der Tausend Lotusseen kommen, da er seines Rates bedurfte. Zwar wollte er der Aufforderung zuerst nicht Folge leisten, denn sein Meister hatte ihn stets vor den Reichen und Mächtigen gewarnt. Schließlich aber war es das Bedürfnis gewesen, sein Wissen anderen weiterzugeben, das seine Bedenken zerstreut hatte.

Dies überdachte er, als ihn plötzlich ein schreckliches Fauchen hochfahren ließ, und im selben Augenblick sah er eine riesige Pranke mit scharfen Krallen vor sich. Er sprang auf und nahm unwillkürlich die Verteidigungsstellung ein, die er im Tempel immer wieder geübt hatte.

Sein Gegner war ein gewaltiger Berglöwe, der mit gefletschten Zähnen und steil aufgerichteten Nackenhaaren gerade zum Sprung ansetzte. Doch mit einem Mal hielt er inne: Eine geheimnisvolle Kraft hinderte ihn an seinem Vorhaben. Er starrte auf den Mann, der ihm ohne sich zu bewegen gegenüberstand. Und er spürte, wie dieser Macht über ihn gewann: »Die Kraft meiner Gedanken ist so groß, dass sie dich töten kann. Aber ich werde es nicht tun, weil für jedes Lebewesen die entsprechende Zeit kommt, da es sterben muss. Ich möchte jedoch, dass du diesen Ort verlässt. Und um dir zu beweisen, wie ernst es mir ist, werde ich jetzt bewirken, dass der Ast, unter dem du gerade stehst, abbricht und direkt neben dir aufschlagen wird.«

Im selben Augenblick brach unter gewaltigem Krachen ein großer Ast von einem uralten Baum und schlug neben dem Berglöwen auf.

Sofort zog sich das Tier in die Richtung zurück, die einzuschlagen ihm der Stab des Meisters gebot.

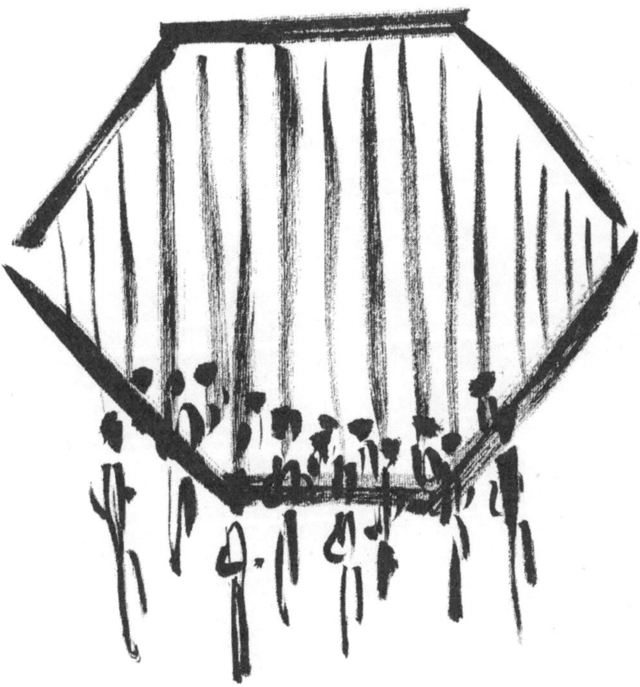

Ich bin bereit, Meister!

Auf der Straße, die in die Stadt der Tausend Lotusseen führte, kamen ihm Männer entgegen, die eine Sänfte trugen und ihn im Namen des Großen Kaisers baten einzusteigen.

Als sie den Palast erreichten, stand der gesamte Hofstaat Spalier, um den Gast willkommen zu heißen. Von den Zinnen der Palastmauern ertönten Fanfarenstöße, um der Bevölkerung seine Ankunft mitzuteilen. Fahnen waren gehisst, und die Soldaten hielten eine Parade ab. Ein Lakai zog den Vorhang der Sänfte zur Seite und half ihm beim Aussteigen. Sodann erschien ein Abgeordneter mit den goldenen Insignien seiner Würde und führte ihn durch reich verzierte Höfe dorthin, wo bislang nur wenigen Zutritt gewährt worden war.

»Weißt du, wie es ist, ein Kaiser zu sein?«, hörte er eine jugendliche Stimme fragen.

»Warum möchtet Ihr dies wissen?«

»Weil ich dich gerufen habe, um von dir zu erfahren, wie man ein Land am besten regiert.«

»Und warum meint Ihr, dass gerade ich darüber Bescheid weiß?«

»Man erzählt sich Außergewöhnliches von dir!«

»Aber deshalb bin ich doch noch nicht der richtige Mann für Euer Anliegen.«

»Niemand verfügt über das Wissen, das du besitzt.«

»Mit Wissen allein kann man kein Land regieren.«

»Aber niemand hat so viel vom Leben gesehen wie du auf deinen Wanderungen.«

»Ich bin noch immer unterwegs.«

»Und weshalb machst du hier nicht Rast?«

»Ich möchte meinen Weg nicht unterbrechen.«

»Auch nicht, wenn ich deiner Hilfe bedarf? Und wenn ich dadurch mein Land zum besten aller Länder machen könnte und mein Volk zum glücklichsten aller Völker?«

»Solange Ihr denkt, diese Menschen seien Euer Volk, können sie nicht glücklich werden; und solange sie nicht glücklich sind, werden sie nicht in der Lage sein, ihrem Land mit allen Kräften zu dienen.«

»Aber sie müssen sich doch an eine Ordnung halten!«

»Die Ordnung sollte nicht vom Gesetz errichtet werden, sondern von der Einsicht.«

»Und wie findet man diese Einsicht?«

»Indem man das Leben kennen lernt.«

»Lehre mich leben!«, bat der Kaiser.

»Steigt von Eurem Thron herab«, befahl der Meister, »und geht aus dem Palast. Streift Eure prächtigen Gewänder ab und lebt mit den Armen. Legt Eure Jadestäbchen beiseite und esst mit den Bauern. Verlasst Euer Himmelbett und schlaft auf dem Boden der Natur. Meidet Eure Sänfte und bewegt Eure Beine. Haltet Euch von den Konkubinen fern und lebt wie die Mönche. Seht das Helle und das Dunkle. Lernt das Warme kennen und das Kalte. Prüft das Weiche und das Harte. Schmeckt das Süße und das Bittere. Fühlt das Schöne und das Hässliche.«

Der Meister hielt inne, blickte den Kaiser durchdringend an und sagte: »Berührt die Alten, berührt die Kranken, berührt die Toten und berührt die Neugeborenen!«

Der Kaiser erhob sich und stieg langsam die Stufen seines Thrones hinab. Er nahm seine Krone ab und ließ seinen Drachenrock fallen. Daraufhin sprach er: »Ich bin bereit, Meister!«
»Und ich bin jetzt bereit, hier Rast zu halten.«

Und dann sah er ein einzelnes Reiskorn.
Es begann zu reifen.

Der Meister verbrachte den ganzen Sommer in der Stadt der Tausend Lotusseen. Dann zog er weiter.

Und auf seinem Weg sah er, wie die Machthaber die Macht verloren und ihre Vertrauten darüber stritten, wer von ihnen die neue Macht inne haben sollte.

Er sah, wie Väter und Söhne gegeneinander kämpften und einander töteten.

Er sah, wie die besten Ratgeber von ihren Auftraggebern hingerichtet wurden.

Er sah, wie die Skrupellosen die höchsten Ämter im Staat einnahmen.

Er sah, wie die tapfersten Soldaten, die bis zuletzt durchgehalten hatten, von ihren Feinden getötet wurden und wie man ihre Köpfe zur Abschreckung in den Wind hängte.

Er sah, wie die Hände und Füße derer, die für die Wahrheit gekämpft hatten, von Nägeln durchbohrt wurden.

Er sah, wie die weisesten Männer gezwungen wurden, vergifteten Wein zu trinken.

Er sah, wie die Wahrheit zur Lüge gemacht wurde.

Er sah, wie man Rundes für Eckiges erklärte.

Er sah, wie die besten Ärzte verhaftet wurden und wie man ihr Wissen auslöschte.

Er sah, wie die wichtigsten Schriften der Menschheit Opfer von Flammen wurden.

Er sah, wie sich Völker gleicher Herkunft grundlos gegenseitig abschlachteten.

Er sah, wie selbst heiligen Frauen Gewalt angetan wurde.

Er sah, wie Frauen gezwungen wurden, ihren Körper zu verkaufen.

Er sah, wie Soldaten mit ihren Bajonetten die Leiber der Schwangeren aufschlitzten.

Er sah, wie Menschen all ihr Hab und Gut verspielten für den Genuss eines kurzen Vergnügens.

Er sah, wie Familien auseinander getrieben wurden und alles verloren, was sie besaßen.

Er sah, wie man ganze Völker zwang, ihren Eroberern zu gehorchen.

Er sah, wie man riesige Flächen besten Weidelands vernichtete und die Menschen ihrer Nahrungsgrundlage beraubte.

Er sah, wie die Stätten des Glaubens lichterloh brannten und die Heiligtümer in Asche zerfielen.

Er sah, wie die Lehrer gezwungen wurden, Unwahrheiten zu verbreiten.

Er sah, wie die größten Räuber als Helden verehrt wurden.

Er sah, wie junge Wissbegierige, die für die Rechte der Menschen gekämpft hatten, von Todesmaschinen niedergemetzelt wurden.

Er sah, wie tausendfache Mörder zum Vorbild ganzer Generationen wurden.

Er sah, wie die größten Erfindungen ihre Schöpfer in den Untergang rissen.

Er sah brennende Erde.

Er sah brennendes Wasser.

Er sah brennende Luft.

Er sah das Leben in Flammen.

Er ging weiter.

Er ging über ein verbranntes Feld. Es gab nichts anderes mehr als Asche, die der Wind über das Land trug.

Und dann sah er ein einzelnes Reiskorn. Es begann zu reifen.

Auch wenn wir getrennt sind,
werden wir gemeinsam wachsen.

Viele Jahre später erreichte der Meister den Fluss der Erinnerung. Auf dem Boden liegend starrte er in den Himmel und folgte mit seinen Blicken dem Zug der Wolken. Die Strahlen der Sonne wärmten ihn, und er fiel schließlich in einen tiefen Schlaf.

Als er erwachte, lenkte er seine Schritte dorthin, wo er in jungen Jahren gemeint hatte, das Glück gefunden zu haben. Von ferne schon entdeckte er die Krone eines Gingkobaumes. Er stieg einen Hügel empor und überblickte die Landschaft. In der Ebene sah er neben alten Gehöften viele neu errichtete Häuser, die alle einander glichen und durch Straßen verbunden waren, an denen sich Strommasten aufreihten.

Dem Hügel gegenüber lag der Friedhof des Dorfes. Auf einer der Grabplatten fand der Meister den Namen des Großvaters geschrieben und daneben, unter dem Gingkobaum, einen weißen Stein mit dem Namen des Mädchens. Sein Blick wurde trübe, und es war ihm, als hörte er eine vertraute Stimme flüstern: »Was sich ereignen wird, das können wir nicht vermeiden. Und was sich nicht ereignen wird, das können wir nicht erzwingen. Alles geschieht, weil es geschehen muss.«

Er wusste nicht, wie lange er regungslos dagestanden hatte, als ihn plötzlich eine Kinderstimme in die Gegenwart zurückholte. Ein kleiner Junge wollte einen Strauß weißer Chrysanthemen auf das Grab legen.

»Wer bist du?«, fragte das Kind, »und was machst du hier?«

»Wer bist denn du, und was machst du hier?«, fragte der Meister zurück.

»Ich schenke Großmutter Blumen«, antwortete der Junge.

»Und wo ist dein Großvater?«, wollte der Meister in Erfahrung bringen.

»Das weiß ich nicht.«

»Aber du weißt doch, wo dein Vater ist?«

»Freilich. Daheim, bei meiner Mutter. Willst du vielleicht zu meinen Eltern?«

Das Gehöft hatte im Laufe der Jahre viele Veränderungen erfahren. Es sah nun aus, als wäre es erst vor kurzem erbaut worden. Am Eingang begrüßte ihn ein Mann und sagte voll Herzlichkeit: »Ich habe lange auf diesen Augenblick gewartet.« Und traurig fuhr er fort: »Meine Mutter hat bis zum letzten Atemzug deiner gedacht und hat mir versprochen, dass du eines Tages wiederkehren wirst. Sie hat auch gesagt, dass du etwas Besonderes mitbringen wirst.«

Der kleine Junge sah, wie sich das Antlitz des alten Mannes erhellte, und er hörte ihn sagen: »Du hast Recht. Dies ist der Grund, weshalb ich gekommen bin. Und es ist auch der Grund, weshalb ich bald wieder gehen werde.«

Die Familie war enttäuscht, dass der Gast, der eben erst gekommen war, schon wieder aufbrechen wollte. Und alle fragten: »Wirst du wiederkommen?«

Anstelle einer Antwort überreichte der Meister dem Jungen eine Schatulle, die in Stoff gehüllt war.

Als er in der Ferne nicht mehr zu sehen war, entfernten sie das Tuch und öffneten das Kästchen. Es enthielt ein Buch. In ihm fanden sie ein getrocknetes Gingkoblatt, unter dem mit feinem Pinsel geschrieben stand:

»Auch wenn wir getrennt sind,
werden wir gemeinsam wachsen.
Und wir werden uns wiederfinden,
wenn der Tau des neuen Tages
unsere Seelen benetzt
und wir erneut Gestalt annehmen,
um eins zu sein im Großen Kreis.«

Nebel, undurchdringlicher Nebel. Tagelang. Kein Ton ist zu hören.

Sein Empfinden ist so still geworden wie der Atem der Natur. Langsam schreitet er dahin. Im Dunst kommt ihm eine Gestalt entgegen. Als sie einander fast berühren, vernimmt er die Worte: »Schau zum Himmel!« In diesem Augenblick kommt ein gewaltiger Wind auf und reißt den Nebel auseinander.

Er dreht sich um, doch es ist niemand zu sehen. Der Nebel ist völlig verschwunden.

Himmel, blauer Himmel.
Blauer Himmel ohne Wolken.
ENDLICH: DIE SONNE.

James Redfield

Tief in den Regenwäldern Perus ist eine Handschrift gefunden worden. Auf ihren Seiten sind neun Einsichten in das Wesen des Lebens niedergelegt, Einsichten, zu denen nach und nach jeder Mensch auf dem Weg zu einer spirituellen Kultur gelangen wird.

Das Geheimnis von Shambhala
Das dritte Buch von Celestine
352 Seiten
€ [D] 8,95/€ [A] 9,20/sFr 16,50
ISBN 3-548-74118-5

Die Vision von Celestine
Geheimnis und Hintergrund der Prophezeiungen
320 Seiten
€ [D] 8,95/€ [A] 9,20/sFr 16,50
ISBN 3-548-74120-7

Die Erkenntnisse von Celestine
Das Handbuch zur Arbeit mit den »Neun Erkenntnissen«
320 Seiten
€ [D] 9,95/€ [A] 10,30/sFr 18,00
ISBN 3-548-74116-9

Das Handbuch der zehnten Prophezeiung von Celestine
Vom alltäglichen Umgang mit der zehnten Erkenntnis
384 Seiten
E [D] 10,95/E [A] 11,30/sFr 19,80
ISBN 3-548-74117-7

Die Prophezeiungen von Celestine
Ein Abenteuer
368 Seiten
€ [D] 8,95/€ [A] 9,20
sFr 16,50
ISBN 3-548-74119-3

Ullstein Taschenbuch

Bestseller der Zeitenwende

Überall auf der Welt werden derzeit reife, weise Seelen geboren, die mit besonderen Aufgaben und Botschaften zu uns kommen. Wir begegnen ihnen in der seit den 90er Jahren heranwachsenden Generation von besonders begabten Kindern, die man wegen der Farbe ihrer Aura die »Indigo-Kinder« nennt.

LEE CARROLL/JAN TOBER
Indigo-Kinder erzählen
256 Seiten
€ [D] 8,95/€ [A] 9,20/sFr 16,50
ISBN 3-548-74092-8

KRYON
Das Zeiten-Ende
Neue Informationen für persönlichen Frieden
304 Seiten
€ [D] 9,95/€ [A] 10,30/sFr 18,00
ISBN 3-548-74093-6

KRYON
Denke nicht wie ein Mensch
Kryon antwortet auf grundsätzliche Fragen
352 Seiten
€ [D] 9,95/€ [A] 10,30/sFr 18,00
ISBN 3-548-74103-7

Ullstein Taschenbuch